# C'EST MOI LE CHEF !

## Remerciements

Sophie Brault, Jean-Louis Broust, Gaétan Burrus, Servane Champion, Marie-Sophie Ferquel, Corinne Fleury, Marie Jacquemin, Laura Lugand, Laure Maj, Karine Marigliano, Anaïs Roué, Marjorie Seger, Véronique Sem, Nathalie Tran, Marie-France Wolfsperger et Quat'Coul pour la photogravure.

Merci également à tous les membres de l'équipe Marmiton et à l'ensemble des Marmitonautes qui, pour notre plus grand bonheur, apportent chaque jour leur pierre à l'édifice de transmission que constitue Marmiton.

Directrice de collection : Clémence Meunier
Mise au point de la maquette : Caroline Moutier
Éditrice : Audrey Génin
Correctrice : Maud Foutieau

© Éditions Play Bac, 2016
14 bis rue des Minimes, 75003 Paris. www.playbac.fr

ISBN : 978-2-8096-5522-3
Dépôt légal : avril 2016

Imprimé en Bosnie-Herzégovine par GPS sur des papiers issus de forêts gérées de manière responsable.

## Crédits photo

**123RF** Arina Habich : p. 6 (en haut), p. 7 (en haut au milieu). **BananaStock** : p. 22, p. 59.
**Fotolia** Eleonore H : p. 7 (en bas à gauche) ; WavebreakmediaMicro : p. 7 (en haut à droite).
**Getty** John Wilhelm is a photoholic : couverture. **Image Source** p. 14, p. 34, p. 45, p. 52, p. 72, p. 80, p. 87, p. 98, p. 106, p. 114, p. 122, p. 125, p. 129. **Manina Hatzimichali** p. 35, p. 40, p. 44, p. 74, p. 85, p. 86, p. 89, p. 103, p. 120, p. 124, p. 135, p. 136. **Photononstop** Govin-Sorel : p. 7 (en bas à droite) ; Emely/Cultura : p. 7 (en bas au milieu) ; Laurence Mouton : p. 6 (en bas) ; Van Osaka : p. 7 (en haut à gauche). **Sucré Salé :** Amiel : p. 24, p. 31, p. 131 ; Baudonnet : p. 61 ; Bichon : p. 116 ; Caillaut : p. 62 ; Carnet : p. 53, p. 111 ; Chris Court Photography : p. 70 ; Cultura Creative : p. 43, p. 93 ; Dieterlen : p. 119 ; Faccioli : p. 107 ; Fénot : p. 47 ; Food & Drink : p. 12, p. 50 ; Hall : p. 127 ; Iwanon : p. 69 ; Lawton : p. 39, p. 65, p. 115, p. 132 ; Marielle : p. 54 ; Nicoloso : p. 16 ; Nurra : p. 81 ; Radvaner : p. 78 ; Rapado : p. 15 ; Riou : p. 20 ; Roche : p. 90 ; Roulier/ Turiot : p. 36, p. 100, Studio : p. 96, p. 99 : Swalens : p. 19, p. 32, p. 73, p. 77, p. 82, p. 112, p. 123 ; Thys/ Supperdelux : p. 23, p. 28, p. 57, p. 58, p. 66, p. 108, p. 128 ; Viel : p. 27, p. 104.

# C'EST MOI LE CHEF !

playBac

# Sommaire

# introduction

Il était une fois un enfant qui adorait la cuisine et qui avait envie de passer devant les fourneaux… et pas seulement pour faire des gâteaux au chocolat ! Il enfila donc un tablier et courut voir ses parents pour leur dire qu'il avait décidé de cuisiner à leur place et de leur préparer un délicieux repas. Quelle bonne surprise ! Toutefois, ses parents voulurent s'assurer qu'il réussirait ses recettes à coup sûr. Pour cela, ils lui offrirent CE livre.

Tu l'as compris, cet enfant, c'est toi, et cet ouvrage, tu le tiens entre tes mains. Il va te permettre de réaliser des plats salés ou des desserts très facilement. En plus des recettes, tu trouveras des astuces pour cuisiner en toute sécurité et des idées de variantes suggérées par d'autres enfants qui, comme toi, aiment préparer de bons petits plats !

Il ne te reste plus qu'à investir la cuisine, seul, avec tes frères et sœurs, ou avec des copains pour que cuisiner soit plus que jamais un plaisir.


Bonnes recettes !
*L'équipe Marmiton*

# 10 RÈGLES DE BASE

**1** Tes mains **doivent toujours être propres**.

**2** **Range la cuisine au fur et à mesure** et nettoie ton plan de travail après chaque étape.

**3** Cuisine toujours **avec un adulte dans les parages** (comme ça, si tu as un doute ou une difficulté, tu pourras lui demander de l'aide).

**4** **Ne laisse pas les manches des casseroles** dépasser de la cuisinière, tourne-les vers l'intérieur pour éviter de les renverser.

**5** **Vérifie toujours que le four est vide** avant de l'allumer (pas de plaque, grille ni plats).

**6** **Éteins toujours le four** ou la plaque dès que la cuisson est terminée.

**7** **Utilise une manique ou un torchon** pour sortir les plats du four.

**8** Si tu utilises un four à micro-ondes, **attention de ne pas y mettre de plat en métal**.

**9** Pose les plats chauds **sur un dessous-de-plat**.

**10** Si tu te brûles, **passe vite ta main sous l'eau froide** et préviens un adulte.

# LES ASTUCES

### CUIRE À LA POÊLE SANS SE BRÛLER

Prends l'aliment que tu dois faire cuire **avec une fourchette** (ou utilise une **pince à cuisine** si tu en as une) et **pose-le tout doucement** au bord de la poêle afin d'éviter les éclaboussures.

### RÂPER UN CITRON

Avec une main, tiens fermement la râpe, avec l'autre, tiens le citron dans la paume de ta main (éloigne tes doigts de la râpe) et **frotte le citron de haut en bas et de bas en haut**. Tourne le citron dans ta paume et recommence !

# et techniques indispensables

### Tenir un couteau

**Replie bien tous tes doigts autour du manche du couteau**. De cette façon, tu auras plus de force et tu seras plus précis. Tu peux appuyer ton index sur le long de la lame du couteau pour bien le contrôler.

### Couper sans risque

Tiens fermement ton couteau de la main avec laquelle tu écris. Avec l'autre main, tiens l'aliment que tu veux découper et **replie un peu tes doigts**. Ta main va avancer et le bout de tes doigts sera protégé !

### Tamiser de la farine

Tu as besoin d'un **saladier** et d'un **tamis** (ou passoire à mailles fines). Place le tamis au-dessus du saladier et verses-y la farine. **Tapote le tamis** pour que la farine passe entre les mailles.

### Casser un œuf

Prends un œuf entre tes deux mains. Sur le bord d'un bol, d'un saladier ou d'une casserole, donne **un coup sec au centre de la coquille**. Doucement, retourne l'œuf vers le centre du récipient, écarte les deux moitiés et verse-le.

### Séparer le blanc d'un jaune d'œuf

Casse un œuf d'un coup sec, au milieu de la coquille. Ouvre-le en deux au-dessus d'un bol en gardant le jaune dans l'un des morceaux de coquille. **Passe le jaune sans le crever** d'une coquille à l'autre.

### Monter des blancs en neige

Verse tes blancs d'œufs dans un saladier. À l'aide d'un **batteur électrique, fouette-les pendant 3 à 4 minutes** en tenant fermement ton saladier : c'est prêt quand la mousse obtenue reste parfaitement immobile !

# Comment utiliser ce livre

**3 niveaux de difficulté**

★☆☆ très facile
★★☆ facile
★★★ difficile

Le nom
de la **recette**

Tout le **matériel**
dont tu as besoin

Le temps
que prendra
la recette

temps de préparation
temps de cuisson
temps de repos

L'astuce
pour cuisiner
comme un pro

15 min de préparation
1 h de cuisson
20 min de repos

★☆☆

## CAKE AU JAMBON ET AU FROMAGE

1. Préchauffe le four à 180 °C (th. 6).
2. **Beurre** un moule à cake.
3. Fais fondre le **beurre** dans un bol au micro-ondes ou dans une petite casserole à feu doux.
4. Verse la **farine** dans un saladier.
5. Ajoute les **œufs** un à un en mélangeant avec un fouet entre chaque **œuf**.
6. Ajoute le **lait** puis le **beurre** fondu. Mélange bien.
7. Ajoute le **gruyère râpé**, du **sel**, du **poivre** et, enfin, la **levure**. Mélange encore.
8. Coupe le **jambon** en cubes et ajoute-les à la préparation. Mélange une dernière fois.
9. Verse la pâte dans le moule à cake.
10. Enfourne et laisse cuire 1 h. Laisse le cake tiédir 20 min avant de servir avec une salade.

### SUPER MARMITRUC
*de Gaëlle, 11 ans*
Pour savoir si le cake est cuit, plante une lame de couteau au milieu, si elle ressort sèche, le cake est prêt !

Trop bon !

*Recette préférée de Léopold, 9 ans*

" **variante gourmande**
*de Lylian, 8 ans*
je n'avais pas de jambon, j'ai mis des lardons. C'est une très bonne recette. "

34

matériel né
• 1 sala
• 1 fo
• 1 co
• 1 pla
découper
à cake
une
ca

L'astuce de présentation, la **variante** avec
un autre ingrédient ou l'accompagnement
idéal de ton plat

Toutes les **étapes**
de préparation

# Avant de te lancer

Les **ingrédients** nécessaires (ceux qui sont écrits plus petits sont ceux qu'il y a toujours dans les placards)

Le nombre de **personnes** pour lesquelles la recette est prévue

Le **plat fini** ressemblera à peu près à ça... et ce sera forcément bon !

**1** Vérifie que tu as bien **tous les ingrédients**.

**2** **Lis bien la recette** que tu as choisie jusqu'au bout : tu connaîtras **toutes les étapes** et tu ne seras pas pris au dépourvu.

**3** **Vérifie le temps** que prendra la recette : il suffit d'additionner le temps de préparation et le temps de cuisson !

**4** **Prépare tous les ingrédients** de la recette. Certains ingrédients (beurre, œufs) doivent être sortis du réfrigérateur à l'avance.

**5** **Sors tous les ustensiles** dont tu as besoin.

**6** **Lave-toi les mains**.

**7** **Enfile un tablier** et... au boulot !

# les entrées

Des petites portions très jolies, des idées qui mettent
en appétit… l'entrée, ça donne envie de manger tout
le reste du repas. Alors, use et abuse de nos conseils qui
ont fait leurs preuves : plus c'est petit, plus c'est mignon,
les verrines, c'est toujours chic, les mini-brochettes
forcément chouettes, les feuilletés inratables, les soupes
réussies à tous les coups et les tartines vraiment malignes.
Il ne reste plus qu'à mettre tout ça en pratique !

# CROSTINIS AUX tomates et au basilic

30 min de préparation
15 min de repos ★★☆

1. Fais bouillir de l'**eau** dans une casserole.

2. Sur le dessus de chaque **tomate**, fais une petite croix à l'aide d'un couteau.

3. Plonge les **tomates** 30 s dans l'**eau** bouillante puis égoutte-les dans une passoire. Retire la peau à l'aide d'un couteau en prenant soin de ne pas te brûler.

4. Coupe les **tomates** en deux puis coupe la chair en petits dés. Mets-les dans un saladier.

5. Épluche 2 gousses d'**ail**, coupe-les en deux, retire le germe (le cœur) puis hache-les avec un couteau. Ajoute l'**ail** aux **tomates**.

6. Lave et sèche les feuilles de **basilic**. Hache-les très finement (garde une dizaine de feuilles pour la déco) et ajoute-les aux **tomates**.

7. Ajoute l'**huile d'olive** aux **tomates**, mélange délicatement et laisse reposer 15 min.

8. Coupe la **baguette** en tranches fines.

9. Épluche la gousse d'**ail** restante, coupe-la en deux, ôte le germe et frotte les tranches de **baguette** avec les demi-gousses.

10. Dépose un peu de **tomates** sur chaque tranche de **baguette**, ajoute une pincée de **fleur de sel** et une feuille de **basilic**.

### SUPER MARMITRUC
*de Samuel, 9 ans*

POUR DES CROSTINIS CROUSTILLANTS, PASSE TES TRANCHES DE BAGUETTE quelques instants sous le gril du four ou DANS UN GRILLE-PAIN.

### VARIANTE GOURMANDE
*de Marion, 10 ans*

CELA MARCHE AUSSI TRÈS BIEN AVEC DES TOMATES PELÉES EN BOÎTE.

# Guacamole

1. Épluche et coupe l'**oignon** en fines lamelles.

2. Presse le **citron**.

3. Lave et hache les feuilles de **coriandre**.

4. Coupe les **avocats** en deux, retire le noyau puis, avec une cuillère à soupe, récupère la chair des **avocats**. Coupe-la en morceaux.

5. Dans un bol, écrase la chair des **avocats** avec une fourchette.

6. Ajoute l'**oignon**, la **coriandre**, le jus de **citron** et du **sel**.

7. Sers ton guacamole avec des chips tortillas.

**SUPER MARMITRUC**

*de Ioana, 10 ans*

Si tu veux un guacamole un peu épicé, **Ajoute une pincée de piment en poudre.**

*miamamia !*

*Recette préférée de Violette, 14 ans*

"

**VARIANTE GOURMANDE**

*de Lucien, 9 ans*

**J'aime bien Ajouter des petits dés de tomate.**

"

matériel nécessaire
• 1 couteau
• 1 planche
à découper
• 1 fourchette • 1 bol
• 1 cuillère à soupe
• 1 presse-
agrumes

ingrédients pour 6 personnes
**Avocats**
(2, bien mûrs)
**Oignon frais** (1)
**Coriandre**
**fraîche** (4 branches)
**Citron vert** (1)
• Sel

INGRÉDIENTS POUR 6 PERSONNES

**Tomates**
(9, bien mûres)

**Poivron rouge** (1)

**Poivron vert** (1)

**Concombre** (1)

**Vinaigre de Xérès**
(2 c. à soupe)

**Pain de mie** (1 tranche)

**Basilic frais** (1 bouquet)

• Ail (1 gousse) • Oignon (1 gros)
• Huile d'olive • Piment
en poudre • Sel, poivre

MATÉRIEL NÉCESSAIRE
• 1 couteau
• 1 planche
à découper
• 1 mixeur
• 1 épluche-légumes
• 1 cuillère
à café

# Gaspacho

35 min de préparation
2 h de repos

**1** Lave et sèche les **tomates** et les **poivrons**.

**2** Coupe les **tomates** en quartiers, retire le cœur.

**3** Retire la queue des **poivrons** et coupe-les en deux. Retire les graines et les peaux blanches puis coupe-les en morceaux.

**4** Épluche le **concombre**, coupe-le dans la longueur et, avec une cuillère à café, retire les pépins et jette-les. Coupe-le ensuite en morceaux.

**5** Épluche l'**ail** et l'**oignon**, retire le germe (le cœur) de l'ail puis coupe-les en morceaux. Rince le basilic.

**6** Dans un mixeur, mets tous les **légumes** coupés et mixe le tout jusqu'à obtenir une préparation lisse.

**7** Ajoute le **pain de mie** (sans la croûte) et les feuilles de **basilic** et mixe une nouvelle fois.

**8** Assaisonne avec du **sel**, du **poivre**, 4 c. à soupe d'**huile d'olive**, le **vinaigre de Xérès** et une pincée de **piment** (attention à ne pas trop en mettre !).

**9** Laisse reposer 2 h au minimum au réfrigérateur.

## Super marmitruc

*de Louane, 11 ans*

Pour aller plus vite, **REMPLACE LES TOMATES FRAÎCHES PAR UNE GROSSE boîte de tomates pelées.**

## Variante gourmande

*de Joseph, 12 ans*

**J'aime bien servir le gaspacho avec des petits cubes de légumes sur le dessus** : concombre et poivron. C'est super croquant.

# Soupe de courgettes

## Super marmitruc
*de Sophia, 8 ans*

**Si tu coupes tes courgettes en fines lamelles, elles cuiront plus vite.**

## Variante gourmande
*de Mattheo, 9 ans*

**Remplace le parmesan râpé par une portion de Kiri,** *c'est tout aussi bon.*

**1** Fais chauffer 30 cl d'**eau** dans une casserole. Ajoute le **cube de bouillon** et mélange bien.

**2** Lave les **courgettes**. Coupe-les en rondelles en gardant la peau.

**3** Plonge les rondelles de **courgettes** dans le **bouillon** et laisse cuire à petits bouillons pendant 10 à 15 min, avec un couvercle.

**4** À l'aide d'un mixeur plongeant, mixe les **courgettes**. Ajoute le **parmesan râpé** et mixe encore. (Si tu en as un, tu peux également utiliser un blender pour mixer la soupe.)

**5** Entoure les **gressins** deux par deux d'une tranche de **jambon cru**.

**6** Sers la **soupe** saupoudrée de copeaux de **parmesan** et accompagnée des **gressins**.

INGRÉDIENTS POUR 2 PERSONNES

**Courgettes**
(2)

**Parmesan râpé** (60 g)

**Copeaux
de parmesan** (20 g)

**Gressins fins** (8)

**Jambon cru**
(4 tranches)

• Bouillon de poule
(1 cube)

MATÉRIEL NÉCESSAIRE
• 1 casserole
• 1 couteau
• 1 planche
à découper
• 1 mixeur plongeant
(ou blender)

# TORSADES FEUILLETÉES

15 min de préparation
10 min de cuisson

1. Préchauffe le four à 180 °C (th. 6).

2. Déroule la **pâte feuilletée** et découpe-la en lanières de 1 cm sur 5 cm environ.

3. Torsade les **lanières de pâte** et dépose-les sur une plaque recouverte de papier sulfurisé.

4. Verse le **jaune d'œuf** dans un bol et bats-le avec une fourchette.

5. Badigeonne les **lanières de pâte feuilletée** avec le **jaune d'œuf** à l'aide d'un pinceau de cuisine.

6. Saupoudre chaque torsade de **fromage râpé**.

7. Enfourne et laisse les **torsades** dorer pendant 10 minutes.

## SUPER MARMITRUC
*de Sia, 10 ans*

Si tu n'as pas de pinceau de cuisine, **tu peux badigeonner les torsades avec ton doigt.**

## VARIANTE GOURMANDE
*de Ludovic, 8 ans*

**Avec du parmesan** à la place du gruyère, **c'est aussi très bon.**

# Rillettes de thon au mascarpone

## Super marmitruc

*de Mounira, 9 ans*

**je vide des petites tomates et je les remplis de rillettes.** Mes parents adorent !

j'adooore !

*Recette préférée de Servane, 9 ans*

❝

## Variante gourmande

*de Louis, 10 ans*

**je fais aussi ces rillettes avec des sardines en boîte** plutôt que du thon.

❞

**1** Égoutte l'huile de la boîte de **thon**.

**2** Presse le **citron**.

**3** Mets le **mascarpone** et le **thon** dans un mixeur.

**4** Ajoute les **olives vertes**, 1 c. à soupe de jus de **citron**, la **moutarde**, du **sel** et du **poivre**.

**5** Mixe le tout, mais pas trop longtemps : tu dois encore voir des morceaux de **thon**.

**6** Coupe la **baguette** en tranches fines et tartine-les de **rillettes de thon**.

**7** Rince la **ciboulette**, essuie-la et coupe-la en petits morceaux. Mets-la sur les **rillettes**.

**MATÉRIEL NÉCESSAIRE**

- 1 mixeur
- 1 presse-agrumes
- 1 couteau
- 1 planche à découper
- 1 couteau à pain
- 1 cuillère à soupe

**INGRÉDIENTS POUR 6 PERSONNES**

**Mascarpone** (250 g)
**Thon à l'huile** (1 boîte de 300 g)
**Olives vertes dénoyautées** (12)
**Moutarde Savora** (1 c. à café)
**Ciboulette** (2 brins)
**Pain** (½ baguette fraîche)
- Citron (1)
- Sel, poivre

**Pain
de campagne**
(4 tranches)
**Fromage frais** (50 g)
**Viande des Grisons**
(8 tranches)
**Radis** (2)
**Basilic** (4 feuilles)

# Tartines de fromage frais, radis et viande des Grisons

10 min de préparation

1. Lave les **radis** et coupe les extrémités.

2. Lave les feuilles de **basilic**.

3. Coupe les **radis** en rondelles très fines.

4. Fais légèrement toaster les tranches de **pain de campagne** au grille-pain ou sous le gril du four. Laisse-les refroidir.

5. Tartine chaque tranche de **pain** de **fromage frais**.

6. Dépose sur le fromage une tranche de **viande des Grisons**, quelques rondelles de **radis** puis une seconde tranche de **viande des Grisons**.

7. Décore avec une feuille de **basilic** entière.

## SUPER MARMITRUC
*de Noé, 8 ans*

Quand j'ai du pain frais, **je ne passe pas les tranches au grille-pain**, je les tartine directement !

## VARIANTE GOURMANDE
*de Sofiane, 9 ans*

**J'aime bien ajouter une tomate séchée sous la feuille de basilic.**

★ ☆ ☆

# Sablés au parmesan

**1** Préchauffe le four à 200 °C (th. 6-7).

**2** Recouvre une plaque de papier sulfurisé.

**3** Fais fondre le **beurre** au micro-ondes dans un bol (ou dans une petite casserole sur feu doux).

**4** Dans un saladier, mélange le **beurre fondu**, la **farine** et le **parmesan** jusqu'à ce que tu obtiennes une pâte lisse.

**5** Réalise 20 boulettes à l'aide de 2 cuillères à soupe et dépose-les, bien espacées, sur la plaque.

**6** Enfourne et laisse cuire 5 à 10 min.

## Super marmitruc

*de Léo, 12 ans*

Si tu ne les manges pas tout de suite, **tu peux conserver les sablés dans une boîte hermétique pendant une semaine.** Ils resteront croustillants !

## Variante gourmande

*de Nina, 10 ans*

**J'ai essayé** la recette **en remplaçant le parmesan par du roquefort**, c'est super bon.

MATÉRIEL NÉCESSAIRE
• 1 bol
• 1 saladier
• 1 cuillère en bois
• 1 plaque
• 2 cuillères à soupe
• papier sulfurisé

INGRÉDIENTS POUR 20 SABLÉS

**Parmesan râpé** (100 g)
• Beurre (100 g)
• Farine (100 g)

**ingrédients pour 6 personnes**

**Riz** (300 g)
**Carottes** (2)
**Pommes rouges
ou vertes** (2)
**Raisins secs** (80 g)
**Coriandre**
(½ bouquet)
• Huile d'olive • Miel
• Curry • Sel, poivre

**matériel nécessaire**
• 2 casseroles
• 1 passoire
• 1 épluche-légumes
• 1 couteau • 1 planche
à découper • 1 saladier
• 1 bol • 1 cuillère
à soupe
• 1 cuillère à café

# SALADE DE RIZ, POMMES, CAROTTES ET RAISINS SECS

30 min de préparation
25 min de cuisson ★★☆

1 Plonge le **riz** dans une casserole d'**eau** bouillante et laisse-le cuire le temps indiqué sur le paquet.

2 Pendant ce temps, épluche les **carottes** et coupe-les en rondelles de 0,5 cm d'épaisseur.

3 Fais bouillir une autre casserole d'**eau** et plonge les **carottes** dedans. Laisse-les cuire une quinzaine de minutes : elles doivent être encore un peu fermes. Égoutte-les.

4 Égoutte le **riz** et passe-le sous l'**eau froide**. Laisse-le refroidir puis verse-le dans un saladier.

5 Lave les **pommes**. Coupe-les en quatre, retire le cœur puis coupe-les en morceaux.

6 Lave et hache la **coriandre** (si tu aimes, sinon n'en mets pas !).

7 Ajoute les **raisins**, les **carottes,** les **pommes** et la **coriandre** dans le saladier.

8 Prépare la sauce : dans un petit bol, mélange 4 c. à soupe d'**huile d'olive**, 1 c. à café de **miel**, 1 c. à café de **curry**, du **sel** et du **poivre**.

9 Verse cette **sauce** sur la **salade de riz**, mélange délicatement puis sers.

## SUPER MARMITRUC

*d'Adrien, 10 ans*

**POUR UN RIZ UN PEU CROQUANT, JE LE FAIS CUIRE 2 MIN DE MOINS** que ce qui est indiqué sur le paquet.

## VARIANTE GOURMANDE

*de Sami, 9 ans*

**J'AI AJOUTÉ UNE PETITE BOÎTE DE POIS CHICHES**, on s'est régalé.

# brochettes melon, jambon cru et radis

## SUPER MARMITRUC

*de Sonia, 8 ans*

**SERRE bIEN TOUS LES iNGRÉdiENTS AU FUR À MESURE** que tu prépares chaque brochette.

## VARIANTE GOURMANDE

*de Maël, 11 ans*

**J'AI AJOUTÉ dES dEMI-TOMATES CERISES.**

1 À l'aide d'une paire de ciseaux, coupe des lanières de **jambon** de 3 cm de largeur.

2 Coupe le **melon** en tranches, retire la peau avec un couteau (demande à un adulte de t'aider si besoin) et coupe la chair en gros cubes.

3 Lave les **radis**, coupe les extrémités.

4 Lave les **pousses d'épinard** et sèche-les bien avec de l'essuie-tout.

5 Prépare ensuite les brochettes : sur une pique en bois, alterne une lanière de **jambon**, un cube de **melon**, une **pousse d'épinard** et un **radis**. Recommence encore une fois pour finir la brochette.

6 Réalise ainsi d'autres brochettes jusqu'à ce que tu n'aies plus d'ingrédients.

7 Sers les brochettes.

INGRÉDIENTS POUR 4 PERSONNES
**Jambon cru**
(4 tranches)
**Melon** (½)
**Radis** (½ botte)
**Pousses
d'épinard**
(1 poignée)

ingrédients pour 2 personnes

## Farfalles
(250 g)
## Poulet rôti (¼)
## Tomates cerises
(75 g)
## Roquette (1 poignée)
- Huile d'olive
- Moutarde de Dijon
- Sel, poivre

MATÉRIEL NÉCESSAIRE
- 1 grande casserole
- 1 passoire
- 1 couteau
- 1 planche à découper
- 1 saladier • 1 bol
- 2 cuillères à soupe

# Salade de pâtes au poulet rôti

10 min de préparation
10 min de cuisson

 ★☆☆

1. Plonge les **pâtes** dans une casserole d'**eau** bouillante salée et laisse-les cuire 8 à 9 min (ou selon les indications du paquet) : elles doivent être encore fermes (*al dente*).

2. Coupe le **poulet rôti** en gros morceaux.

3. Lave les **tomates cerises** et la **roquette**. Coupe les **tomates cerises** en deux.

4. Égoutte les **pâtes** et rince-les à l'eau froide.

5. Verse-les dans un saladier et mélange-les avec un filet d'**huile d'olive** pour ne pas qu'elles collent.

6. Ajoute les **morceaux de poulet**, les **tomates cerises** et la **roquette**.

7. Dans un bol, prépare la sauce en mélangeant 1 c. à soupe de **moutarde**, du **sel**, du **poivre** et 3 c. à soupe d'**huile d'olive**.

8. Verse cette **sauce** sur les **pâtes** et mélange délicatement.

9. Si possible, laisse reposer quelques heures au réfrigérateur avant de déguster : ta **salade** sera plus parfumée.

## SUPER MARMITRUC
*de Nathan, 12 ans*

**JE COUPE LE POULET AVEC DES CISEAUX**, c'est plus facile.

## VARIANTE GOURMANDE
*de Tina, 10 ans*

**J'AI AJOUTÉ DES CUBES D'AVOCAT**, trop bon !

15 min de préparation
1 h de cuisson
20 min de repos

★☆☆

# CAKE AU JAMBON ET AU FROMAGE

## SUPER MARMITRUC

*de Gaëlle, 11 ans*

Pour savoir si le cake est cuit, **plante une lame de couteau** au milieu, **si elle ressort sèche, le cake est prêt !**

*trop bon !*

*Recette préférée de Léopold, 9 ans*

## VARIANTE GOURMANDE

*de Lylian, 8 ans*

**Je n'avais pas de jambon, j'ai mis des lardons.** C'est une très bonne recette.

**❞**

1. Préchauffe le four à 180 °C (th. 6).

2. **Beurre** un moule à cake.

3. Fais fondre le **beurre** dans un bol au micro-ondes ou dans une petite casserole à feu doux.

4. Verse la **farine** dans un saladier.

5. Ajoute les **œufs** un à un en mélangeant avec un fouet entre chaque **œuf**.

6. Ajoute le **lait** puis le **beurre** fondu. Mélange bien.

7. Ajoute le **gruyère râpé**, du **sel**, du **poivre** et, enfin, la **levure**. Mélange encore.

8. Coupe le **jambon** en cubes et ajoute-les à la préparation. Mélange une dernière fois.

9. Verse la pâte dans le moule à cake.

10. Enfourne et laisse cuire 1 h. Laisse le cake tiédir 20 min avant de servir avec une salade.

**ingrédients pour 4 personnes**

# Pâte feuilletée
(1 rouleau)

# Tomates (8 grosses)

# Moutarde mi-forte (1 c. soupe)

• Herbes de Provence
(2-3 pincées)

**matériel nécessaire**
• 1 couteau
• 1 bol • 1 planche à découper
• 1 casserole
• papier sulfurisé
• 1 plaque
• 1 passoire

# Tarte fine à la tomate

20 min de préparation
30 min de cuisson

1. Préchauffe le four à 180 °C (th. 6).

2. Déroule la **pâte feuilletée** et dépose-la sur une plaque avec le papier sulfurisé.

3. Si tu veux faire des tartes individuelles, découpe des cercles de 12 cm de diamètre environ (sers-toi d'un grand bol retourné et découpe tout autour). Si tu n'as pas assez de pâte, refais une boule avec les chutes, étale-la et découpe les disques manquants.

4. Étale la **moutarde** en couche fine sur toute la surface de la pâte.

5. Sur le dessus de chaque **tomate**, fais une petite croix à l'aide d'un couteau.

6. Plonge les **tomates** 30 s dans l'**eau** bouillante puis égoutte-les dans une passoire. Retire la peau à l'aide d'un couteau en prenant soin de ne pas te brûler.

7. Coupe chaque **tomate** en rondelles très fines.

8. Pose les rondelles de **tomate** sur la **pâte**.

9. Saupoudre d'**herbes de Provence** et enfourne 30 min environ.

## Super marmitruc
*de Liam, 12 ans*

**Pour que le jus des tomates ne ramollisse la pâte, saupoudre-la d'un peu de semoule** avant de la recouvrir de moutarde.

## Variante gourmande
*d'Aisha, 11 ans*

**Avec des rondelles de chèvre sur le dessus, c'est parfait !**

10 min de préparation
40 min de cuisson

# Quiche Lorraine

## Super Marmitruc

*de Thomas, 10 ans*

**Sers cette quiche avec une salade de mesclun** et des tomates cerises.

## Variante gourmande

*de Victoria, 8 ans*

Pour une quiche encore plus gourmande, **j'ajoute du gruyère râpé dans la préparation aux œufs.**

1. Préchauffe le four à 200 °C (th. 6-7).

2. Déroule la **pâte brisée** et place-la dans un moule à tarte avec le papier sulfurisé. Pique le fond avec une fourchette.

3. Fais dorer les **lardons** une dizaine de minutes dans une poêle sans matières grasses.

4. Pendant ce temps, mélange énergiquement les **œufs** et la **crème fraîche** dans un saladier avec une fourchette.

5. Ajoute les **lardons** à la préparation aux **œufs**.

6. Assaisonne avec 1 pincée de **poivre** et 1 pincée de **muscade**.

7. Verse la préparation sur le fond de tarte.

8. Enfourne et laisse cuire 30 min : la quiche doit être bien dorée.

*Tu trouveras la recette de la pâte brisée maison p. 138.*

# CROQUETTES DE CAROTTES

1. Épluche les **carottes** et râpe-les.

2. Épluche l'**ail** et coupe-le en fines lamelles.

3. Lave et hache le **persil**.

4. Dans une sauteuse, fais chauffer 2 c. à soupe d'**huile** puis mets-y les **carottes** et l'**ail**.

5. Laisse cuire environ 10 min à feu doux (les carottes doivent ramollir) puis verse la préparation dans un saladier.

6. Ajoute les **œufs**, le **persil**, le **curry** et la **farine**. **Sale** et **poivre** puis mélange avec un fouet.

7. Avec 2 cuillères à soupe, prends un peu de préparation de manière à former des petites boules.

8. Dans une assiette creuse, verse la **chapelure** et roule les **boules** dedans.

9. Dans la sauteuse, fais chauffer 20 à 30 cl d'**huile**.

10. Dépose les **boules** une par une dans l'**huile** bien chaude et fais-les frire en les retournant pour qu'elles soient bien dorées : 2-3 minutes suffisent. Tu peux demander à un adulte de t'aider.

11. À l'aide d'une écumoire, sors les **croquettes** de la sauteuse et dépose-les sur du papier absorbant.

## SUPER MARMITRUC
*de Malo, 12 ans*

Si tu ne veux pas les frire, **tu peux faire cuire les croquettes à la poêle, dans un filet d'huile.**

## VARIANTE GOURMANDE
*de Sandro, 11 ans*

**J'ai ajouté un demi-poivron rouge coupé en tout petits dés.**

10 min de préparation
30 min de cuisson

## SUPER MARMITRUC

*de Maud, 8 ans*

**Je pose toujours les tranches de tomates sur du papier absorbant** avant de les placer sur la tarte. La tarte est plus croustillante.

## VARIANTE GOURMANDE

*d'Ariane, 11 ans*

**Je remplace les tomates par des tomates cerises coupées en deux**, c'est plus joli !

# Tarte tomates et salami

**1** Préchauffe le four à 180 °C (th. 6).

**2** Déroule la **pâte feuilletée** et étale-la sur une plaque avec le papier sulfurisé.

**3** Dans un bol, mélange la **moutarde** et le **concentré de tomates**.

**4** Coupe les **olives** en rondelles.

**5** Lave les **tomates** et coupe-les en fines rondelles.

**6** Étale le mélange **moutarde-concentré de tomates** sur la **pâte** avec une cuillère, puis dispose les **olives**, les rondelles de **tomates** et les tranches de **salami** par-dessus.

**7** Saupoudre de **thym** et enfourne pour 30 min.

**8** À la sortie du four, parsème la tarte avec les feuilles de **roquette** et sers avec une salade de mesclun.

Ingrédients pour 4 personnes

**Pâte feuilletée**
(1 rouleau)
**Salami** (8 tranches)
**Moutarde** (1 c. à soupe)
**Concentré de tomates**
(1 c. à soupe)
**Olives noires dénoyautées** (12)
**Tomates** (2)
• Thym (1 c. à café)
• Roquette (1 poignée)

Matériel nécessaire
• 1 bol
• 1 cuillère
à soupe • 1 couteau
• 1 planche
à découper
• 1 plaque • papier
sulfurisé

INGRÉDIENTS POUR 4 PERSONNES

**Melon** (1)
**Feta** (200 g)
**Jambon cru**
(4 tranches)
**Salade verte** (1)
• Thym (1 c. à café)
• Jus de citron (4 c. à soupe)
• Huile d'olive (4 c. à soupe)
• Sel, poivre du moulin

MATÉRIEL NÉCESSAIRE
• 1 essoreuse
à salade • 1 couteau
• 1 planche à découper
• 1 bol • 1 saladier
• 1 cuillère à soupe
• 1 paire
de ciseaux

# Salade melon, feta, jambon

1. Lave la **salade** puis essore-la.

2. Coupe le **melon** en tranches, retire la peau avec un couteau (demande à un adulte si besoin) et coupe la chair en gros cubes.

3. Coupe les tranches de **jambon cru** en fines lanières à l'aide de ciseaux.

4. Égoutte la **feta** et coupe-la en cubes.

5. Prépare la sauce : verse le jus de **citron** dans un bol, **sale**, **poivre** et mélange. Ajoute l'**huile d'olive** et mélange énergiquement puis incorpore le **thym**.

6. Mets la **salade**, le **melon**, le **jambon**, la **feta** et la **sauce** dans un saladier. Mélange juste avant de servir.

## SUPER MARMITRUC

*de Johanne, 11 ans*

**Si tu ne veux pas éplucher le melon,** coupe-le en deux et **fais des boules avec une cuillère parisienne !**

*trop trop bon !*

*Recette préférée de Loup, 8 ans*

## VARIANTE GOURMANDE

*de Marius, 10 ans*

**J'ai remplacé la salade verte par de la mâche,** je n'ai eu que des félicitations !

## Super Marmitruc

*de Charly, 9 ans*

**Pour des feuilletés bien dorés, badigeonne-les d'un peu de lait** (avec un pinceau de cuisine ou avec les doigts).

## Variante Gourmande

*de Mathilde, 10 ans*

**Je mixe le jambon avec un peu de crème fraîche et un œuf.** C'est plus fondant !

# Feuilletés au jambon

1. Préchauffe le four à 210 °C (th. 7).

2. Coupe le **jambon** en tout petits morceaux.

3. Déroule les **pâtes feuilletées**. Découpe dans chaque pâte 2 carrés de même dimension.

4. Au centre de chaque carré, dépose les morceaux de **jambon** et 2 rondelles de **fromage**.

5. Replie les quatre coins de chaque carré vers le centre. Soude bien les coins de pâte ensemble en les pressant l'un contre l'autre (mouille le bord de la pâte avec un peu d'eau pour qu'elle colle mieux).

6. Dépose les **feuilletés** sur une plaque recouverte de papier sulfurisé.

7. Enfourne et laisse cuire 20 min environ.

INGRÉDIENTS POUR 4 PERSONNES

**Pâte feuilletée**
(2 rouleaux)

**Bûche de chèvre**
(8 rondelles)

**ou gruyère râpé**
(80 g)

**Jambon blanc**
(3 tranches)

MATÉRIEL NÉCESSAIRE
• 1 couteau
• 1 planche
  à découper
• 1 plaque
• papier
  sulfurisé

# les plats

Quel est le point commun entre le hachis Parmentier,
l'omelette aux chips, les nuggets de poulet et les pavés
de saumon aux courgettes ? C'est TOI qui les as cuisinés !
Et tu n'as pas encore tout vu. Tourne vite les pages
qui suivent pour découvrir toutes les bonnes recettes
dont tu seras le chef. Viande, poisson, pâtes, légumes…
une chose est sûre, tu vas savoir cuisiner comme un pro
et nous, on se régale d'avance !

Ingrédients pour 4 personnes

**Poulet** (4 blancs)
**Poivron rouge** (1)
**Poivron vert** (1)
**Oignons rouges** (2)
**Tortillas** (8)
**Citron vert** (1)
• Crème fraîche épaisse (20 cl)
• Huile (6 c. à soupe) • Ail (2 gousses)
• Chili en poudre (1 c. à café)
• Cumin en poudre (1 c. à café)
• Sel, poivre

Matériel nécessaire
• 1 couteau
• 1 planche à découper
• 1 presse-ail • 1 saladier
• 1 poêle • 1 cuillère en bois
• 1 cuillère à soupe
• 3 grands bols et 1 assiette
(pour le service)
• 1 presse-agrumes
• 1 plaque ou 1 plat allant
au four
• papier d'aluminium

# Fajitas au poulet

30 min de préparation
20 min de cuisson ★ ★ ☆

**1** Coupe les **blancs de poulet** en lamelles. Presse le **citron vert**. Préchauffe le four à 210 °C (th. 7).

**2** Épluche les gousses d'**ail**, coupe-les en deux, retire le germe (le cœur) au centre puis écrase-les avec un presse-ail (ou hache-les très finement).

**3** Dans un saladier, mets le **poulet**, verse le **jus de citron** puis 4 c. à soupe d'**huile**. Saupoudre de **chili**, de **cumin**, **sale** et **poivre**. Mélange, mets un couvercle et laisse reposer au réfrigérateur.

**4** Lave les **poivrons**, essuie-les, retire la queue puis coupe-les en deux dans la hauteur. Retire le cœur, toutes les graines et les petites peaux blanches. Coupe chaque poivron en fines lanières.

**5** Épluche puis coupe les **oignons** en fines lamelles.

**6** Fais chauffer 2 c. à soupe d'**huile** dans une poêle, ajoute les **oignons** et les **poivrons**. Fais-les revenir 10 min en remuant avec une cuillère en bois.

**7** Enveloppe les **tortillas** dans une feuille de papier d'aluminium et fais-les chauffer 10 min au four sur une plaque ou dans un plat.

**8** Sors le **poulet** du réfrigérateur et égoutte-le. Mets les morceaux à cuire dans une autre poêle avec 1 c. à soupe d'**huile**. Dès qu'ils sont bien dorés, arrose-les du jus et laisse mijoter encore 5 min.

**9** Dispose la **viande**, les **légumes** et les **tortillas** dans des plats différents. Dans une coupelle, verse la **crème**. Chacun se servira.

## Super marmitruc

*de Kenza, 9 ans*

**Pour plier la tortilla**, dépose la garniture au centre, **ramène 2 côtés opposés vers le centre sans couvrir la garniture. Prends un côté non plié et roule la tortilla.**

## Variante gourmande

*de Benoit, 12 ans*

**J'aime bien rajouter du gruyère râpé** quand je garnis mes tortillas !

# Frittata aux petits pois et asperges

20 min de préparation
1 h de cuisson

★★☆

## Super marmitruc

*de Dimitri, 11 ans*

La frittata est « prise » (cuite), lorsque les œufs sont entièrement cuits : **il ne doit pas rester d'œuf liquide sur la surface de la frittata.**

*hummm !*

*Recette préférée de Zoé, 7 ans*

## Variante gourmande

*d'Amélina, 12 ans*

**J'ai remplacé les petits pois par des courgettes** que j'ai coupées en rondelles puis dorées à la poêle.

---

**1** Épluche et coupe finement l'**oignon**.

**2** Dans une sauteuse (allant au four), fais chauffer l'**huile** puis fais-y revenir l'**oignon** à feu doux 20 min avec un couvercle.

**3** Plonge les **asperges** et les **petits pois** dans une casserole d'**eau** bouillante **salée** pendant 8 min. Égoutte-les et passe-les sous un jet d'eau froide pour stopper la cuisson.

**4** Coupe les **asperges** en petits tronçons.

**5** Ajoute les **asperges** et les **petits pois** dans la sauteuse avec l'**oignon** et laisse cuire 10 min.

**6** Laisse tiédir l'ensemble 10 min hors du feu.

**7** Dans un saladier, fouette les **œufs** avec du **sel**, du **poivre** et le **parmesan** râpé.

**8** Verse ce mélange dans la sauteuse et remets sur feu doux 15 min.

**9** Préchauffe le gril du four.

**10** Lorsque la **frittata** est prise, passe la sauteuse 2 min sous le gril du four.

**11** Sers la frittata bien chaude.

**MATÉRIEL NÉCESSAIRE**
- 1 couteau
- 1 planche à découper
- 1 casserole
- 1 passoire • 1 sauteuse avec couvercle
- 1 râpe • 1 saladier
- 1 fouet

**INGRÉDIENTS POUR 4 PERSONNES**

**Asperges vertes surgelées** (250 g)
**Petits pois surgelés** (250 g)
**Parmesan râpé** (60 g)
- Œufs (6) • Oignon (1)
- Huile d'olive (2 c. à soupe)
- Sel, poivre

ingrédients pour 4 personnes

## Escalopes de poulet (4, fines)
## Bacon (8 tranches)
## Fromage fondu en tranches (4 tranches)
## Chapelure (4 c. à soupe)
- Farine (4 c. à soupe)
- Œuf (1)
- Beurre (20 g)

matériel nécessaire
- 3 assiettes
- 1 fourchette
- 1 poêle

# Cordons-bleus

10 min de préparation
8 min de cuisson

**1** Sur chaque escalope de **poulet**, dépose 2 tranches de **bacon** l'une à côté de l'autre.

**2** Pose une tranche de **fromage** par-dessus.

**3** Referme le tout en pliant l'escalope de **poulet** en deux.

**4** Verse la **farine** et la **chapelure** dans 2 assiettes différentes.

**5** Dans une troisième assiette, casse l'**œuf** et bats-le avec une fourchette.

**6** Trempe chaque « **sandwich** » **de poulet** d'abord dans la **farine**, puis dans l'**œuf** battu et pour finir dans la **chapelure**.

**7** Fais fondre le **beurre** dans une poêle puis déposes-y les **cordons-bleus** et fais-les dorer quelques minutes de chaque côté.

## SUPER MARMITRUC
*de Thais, 9 ans*

**À LA PLACE DE LA CHAPELURE, UTILISE DES BISCOTTES** réduites **EN POUDRE**, c'est encore plus croustillant.

## VARIANTE GOURMANDE
*de Nahel, 8 ans*

**J'AI UTILISÉ DU GRUYÈRE RÂPÉ** à la place du fromage fondu.

# Spaghettis à la carbonara

## Super marmitruc

*de Vera, 9 ans*

Pour une recette vraiment « italienne », **utilise de la pancetta à la place des lardons**.

## Variante gourmande

*de Mathieu, 12 ans*

**J'ai mélangé le parmesan directement avec les jaunes d'œufs**, ça donne une sauce bien crémeuse !

**1** Porte à ébullition une grande casserole d'**eau** salée. Plonges-y les **spaghettis** et laisse-les cuire environ 10-12 min.

**2** Pendant la cuisson des spaghettis, fais revenir les **lardons** sans matières grasses dans une poêle, jusqu'à ce qu'ils soient bien dorés.

**3** Baisse le feu et ajoute la **crème fraîche**, remue bien.

**4** **Sale** légèrement, **poivre** généreusement et ajoute les **jaunes d'œufs** en fouettant pour qu'ils ne cuisent pas.

**5** Égoutte les **pâtes**. Verse-les dans la poêle, mélange et transvase le tout dans un plat de service.

**6** Sers en présentant le **parmesan** à part. Chacun se servira comme il le souhaite.

INGRÉDIENTS POUR 4 PERSONNES

# Spaghettis
(450 g)
# Lardons fumés
(300 g)
# Parmesan râpé
(80 g)
- Crème fraîche (40 cl)
- Jaunes d'œufs (4)
- Sel, poivre

ingrédients pour 4 personnes

# Rigatonis
(400 g)
## Viande de bœuf
hachée (500 g)
## Aubergine (1)
## Sauce tomate
provençale (1 gros pot)
- Oignon (1) • Sel, poivre
- Copeaux de parmesan
- Huile d'olive (2 c. à soupe)

MATÉRIEL NÉCESSAIRE
- 1 couteau
- 1 planche
  à découper
- 1 poêle
- 1 casserole
- 1 cuillère en bois
- 1 passoire

# Rigatonis à la viande et aux tomates

10 min de préparation
25 min de cuisson

★☆☆

1. Épluche et coupe l'**oignon** en fines lamelles.

2. Lave l'**aubergine**. Coupe-la en rondelles ultra fines (si tu en as une, utilise une mandoline avec l'aide d'un adulte).

3. Fais chauffer 1 c. à soupe d'**huile** dans une poêle puis fais-y revenir l'**oignon**. Quand il commence à dorer, ajoute la **viande hachée**, du **sel** et du **poivre**.

4. Fais cuire les **rigatonis** dans une grande casserole d'**eau** bouillante **salée** selon le temps indiqué sur le paquet (généralement 11 min).

5. Verse la **sauce tomate** dans la poêle, remue et laisse mijoter sur feu doux.

6. Égoutte les **rigatonis**, remets-les dans la casserole puis verse la **sauce à la viande** dessus. Mélange bien et laisse sur feu très doux pour maintenir au chaud.

7. Fais chauffer 1 c. à soupe d'**huile d'olive** dans la poêle puis fais-y revenir rapidement les rondelles d'**aubergine** (plus elles seront fines, plus elles cuiront rapidement). Retire-les de la poêle et enroule-les sur elles-mêmes.

8. Répartis les **pâtes** dans chaque assiette puis dépose quelques **aubergines** roulées et des copeaux de **parmesan** par-dessus.

## SUPER MARMITRUC
*d'Alexandre, 11 ans*

**POUR DES PÂTES AL DENTE (UN PEU FERMES), CUIS-LES 1 OU 2 MIN DE MOINS** que le temps indiqué sur le paquet.

Fastoche !

*Recette préférée de Cédric, 11 ans*

## VARIANTE GOURMANDE
*de Caroline, 10 ans*

**J'AI REMPLACÉ LES AUBERGINES PAR DES CHAMPIGNONS DE PARIS** coupés en gros morceaux.

★★☆

## Super marmitruc

*de Téo, 10 ans*

**Pour être sûr que la courgette est bien cuite, plante la lame d'un couteau sur un côté:** elle doit s'y enfoncer facilement. Si ce n'est pas le cas, laisse cuire encore un peu.

## Variante gourmande

*de Lara, 12 ans*

**J'ai ajouté du riz dans le fond du plat,** avec un peu d'eau: ça fait un plat complet!

# Courgettes farcies

**1** Préchauffe le four à 210 °C (th. 7).

**2** Épluche l'**ail** et l'**oignon**. Coupe-les en deux, retire le germe (le cœur) de l'**ail** puis hache-les tous les deux avec un couteau ou dans un petit mixeur.

**3** Lave et essuie le **persil**. Hache-le au couteau ou dans un petit mixeur.

**4** Coupe les **tomates pelées** en morceaux.

**5** Lave les **courgettes**, essuie-les. Avec un couteau, coupe la queue (et jette-la).

**6** Avec une cuillère, creuse l'intérieur des **courgettes** en retirant la chair que tu mettras de côté.

**7** Dans une poêle, fais chauffer 2 c. à soupe d'**huile d'olive** puis fais-y revenir la **viande** hachée.

**8** Ajoute le **persil**, l'**oignon**, l'**ail**, le **basilic** et l'**origan**. Mélange et laisse cuire 5 min. **Sale** et **poivre**.

**9** Dans une casserole, fais fondre la **chair des courgettes** et les **tomates** dans 5 cl d'**eau**.

**10** Lorsque le mélange est bien homogène, ajoute la **viande**, les **miettes de pain** ainsi que le **parmesan**.

**11** Garnis les **courgettes** avec cette préparation.

**12** Place les **courgettes farcies** dans un plat à gratin, place-le dans le four et laisse cuire pendant 35 min.

**MATÉRIEL NÉCESSAIRE**
- 1 couteau
- 1 planche à découper • 1 petit mixeur (facultatif)
- 1 poêle • 1 casserole
- 1 plat à gratin
- 1 cuillère

**INGRÉDIENTS POUR 4 PERSONNES**

# Courgettes rondes (4)
# Viande de bœuf hachée (450 g)
# Tomates pelées en boîte (2)
# Parmesan râpé (100 g)
# Persil (½ bouquet)
# Miettes de pain (150 g)

- Oignon (1) • Ail (1 gousse)
- Basilic séché (1 c. à café)
- Origan séché (1 c. à café)
- Huile d'olive (2 c. à soupe)
- Sel, poivre

## Aubergines
(1 grosse ou
2 petites)

## Courgettes (2)
## Tomate (1)

- Oignon (1 gros)
- Ail (2 gousses)
- Huile d'olive (2 c. à soupe)
- Herbes de Provence
- Sel, poivre

MATÉRIEL NÉCESSAIRE
- 1 couteau
- 1 planche
  à découper
- 1 grande poêle
  avec couvercle
- 1 cuillère
  en bois

# Ratatouille

20 min de préparation
50 min de cuisson

1. Lave et essuie les **aubergines**, les **courgettes** et la **tomate**.

2. Épluche l'**oignon** et hache-le finement.

3. Épluche l'**ail**, coupe chaque gousse en deux, retire le germe (le cœur) et hache-les finement.

4. Coupe la **tomate** en quartiers, les **aubergines** et les **courgettes** en gros morceaux.

5. Dans une grande poêle à bord haut, fais chauffer l'**huile d'olive** puis fais-y revenir l'**oignon**.

6. Ajoute les quartiers de **tomate** et laisse revenir le tout 2 à 3 min.

7. Ajoute ensuite les morceaux d'**aubergines** et de **courgettes**, un peu d'**herbes de Provence** et l'**ail**. **Sale** et **poivre**.

8. Couvre et laisse cuire 40 min en remuant de temps en temps.

## Super marmitruc
*de Grégoire, 8 ans*

Pour gagner du temps ou **si tu n'as pas de tomates mûres, remplace-les par une petite boîte de tomates concassées.**

## Variante gourmande
*de Maya, 9 ans*

J'ai ajouté un poivron rouge et un poivron jaune.

20 min de préparation
55 min de cuisson

## Super marmitruc

*de Nino, 11 ans*

Tu peux préparer le gratin avant le repas et le passer au four au dernier moment : **fais-le gratiner 30 min dans un four à 175 °C (th. 5-6).**

## Variante gourmande

*de Manoah, 10 ans*

J'ai rajouté des lardons que j'ai fait dorer à la poêle avant.

# Gratin de pommes de terre et brocolis

**1** Épluche les **pommes de terre** puis rince-les à l'eau. Plonge-les dans une grande casserole d'eau froide, puis fais-les cuire à petits bouillons pendant 20 min, ou 30 min si elles sont grosses.

**2** Détache les bouquets de **brocolis** à l'aide d'un couteau puis fais-les cuire dans une casserole d'eau bouillante salée 10 min.

**3** Préchauffe le four à 200 °C (th. 6-7).

**4** Une fois les **pommes de terre** cuites, égoutte-les puis découpe-les en grosses rondelles. Égoutte les **brocolis** et coupe-les en tranches dans le sens de la longueur.

**5** Dans un plat à gratin, dépose en couches alternées les **pommes de terre** puis les **brocolis**.

**6** Épluche la gousse d'**ail**, coupe-la en deux, retire le germe (le cœur) avec un couteau puis presse-la avec un presse-ail (ou hache-la très finement).

**7** Dans une poêle antiadhésive, fais bouillir la **crème liquide**, baisse le feu puis ajoute 100 g de **comté** râpé et la gousse d'**ail** pressée. **Sale**, **poivre** et râpe un peu de **noix de muscade** sur l'ensemble. Fais cuire à petits bouillons pendant 3 min.

**8** Verse la **crème** sur les **pommes de terre** et les **brocolis**. Saupoudre du restant de **comté**.

**9** Enfourne et laisse gratiner 15 à 20 min.

**MATÉRIEL NÉCESSAIRE**
• 1 couteau
• 1 planche
à découper • 2 grandes
casseroles • 1 poêle
antiadhésive • 1 râpe
• 1 presse-ail • 1 passoire
• 1 plat à gratin
• 1 épluche-légumes

**INGRÉDIENTS POUR 4 PERSONNES**
# Brocolis
(1 tête)
## Comté râpé (120 g)
• Pommes de terre
(4 grosses ou 8 petites)
• Crème liquide (40 cl)
• Ail (1 gousse)
• Noix de muscade
• Sel, poivre

ingrédients pour 6 personnes

## Pâte à pizza
(1 rouleau)

## Fromage
## à raclette (180 g)
## Persil plat (5 brins)
- Pommes de terre (4)
- Oignon (1) • Ail (2 gousses)
- Crème fraîche (6 c. à soupe)
- Huile d'olive
- Sel, poivre

matériel nécessaire
- 1 épluche-légumes
- 1 couteau • 1 passoire
- 1 planche à découper
- 1 grande casserole
- 1 poêle • 1 bol • 1 cuillère
  à soupe • 1 plaque
- papier sulfurisé
- 1 petit mixeur
  (facultatif)

# Pizza aux pommes de terre

1. Épluche les **pommes de terre**, lave-les puis plonge-les dans une casserole d'**eau** froide **salée**. Fais-les cuire à petits bouillons pendant environ 20 min.

2. Épluche l'**oignon** et les gousses d'**ail**. Hache-les avec un couteau ou un petit mixeur.

3. Fais chauffer un peu d'**huile d'olive** dans une poêle puis fais-y revenir le mélange **oignon-ail**. Une fois doré, mets-le de côté.

4. Dans un bol, prépare une sauce en mélangeant la **crème fraîche** et du **persil** haché. Ajoute le mélange **oignon-ail** refroidi.

5. Préchauffe le four à 200 °C (th. 6-7).

6. Égoutte les **pommes de terre**, laisse-les refroidir un peu puis coupe-les en fines rondelles.

7. Étale la **pâte à pizza** sur une plaque avec le papier sulfurisé. Étale dessus la moitié de la sauce à la **crème fraîche**.

8. Dispose les tranches de **raclette** dessus puis recouvre de rondelles de **pommes de terre**.

9. Termine en versant le reste de sauce à la **crème fraîche**.

10. Enfourne et laisse cuire 15 à 20 min.

## Super marmitruc
*de Kody, 12 ans*

**Pour obtenir une pizza carrée, coupe les « bords » de la pâte** à pizza à l'aide d'un couteau.

## Variante gourmande
*de Chloé, 8 ans*

**J'ai rajouté des morceaux de jambon blanc** entre les rondelles de pommes de terre.

10 min de préparation
10 min de cuisson

## Super marmitruc

*de Léon, 9 ans*

**J'utilise des tranches de fromage fondu à la place du comté :** c'est plus rapide !

## Variante gourmande

*de Sarah, 8 ans*

**Je rajoute une tranche de fromage supplémentaire,** avant de mettre le jambon ; **c'est encore meilleur !**

# Croque-monsieur au comté

**1** Préchauffe le four à 200 °C (th. 6-7) sans oublier d'en retirer la grille.

**2** Pose les tranches de **pain de mie** sur un plan de travail et **beurre**-les légèrement, seulement d'un côté.

**3** Coupe chaque tranche de **jambon** en deux.

**4** Découpe le **comté** en 8 belles tranches.

**5** Sur 8 **tranches de pain** (les autres serviront à refermer les croque-monsieur), dispose une **demi-tranche de jambon** puis une **tranche de comté** par-dessus.

**6** Referme chaque croque-monsieur avec une **tranche de pain** côté beurré à l'intérieur.

**7** Recouvre la grille du four d'une feuille de papier sulfurisé.

**8** Dépose les **croque-monsieur** dessus puis **beurre**-les une dernière fois sur le dessus.

**9** Place la grille dans le four et laisse dorer les **croque-monsieur** 5 à 10 min.

MATÉRIEL NÉCESSAIRE
• 1 couteau
• 1 grille de four
• 1 planche
  à découper
• papier
  sulfurisé

INGRÉDIENTS POUR 4 PERSONNES
**Pain de mie**
(16 tranches)
**Jambon blanc**
(4 tranches)
**Comté affiné
12 mois** (300 g)
• Beurre (20 g)

ingrédients pour 4 personnes

**Escalopes
de poulet** (4)
**Chapelure** (50 g)
• Blancs d'œufs (4)
• Huile (6 c. à soupe)
• Sel, poivre

matériel nécessaire
• 1 robot
mixeur
• 1 cuillère à soupe
• 1 poêle
• 1 saladier

# nuggets de poulet

1. Dans un robot mixeur, mixe chaque escalope de **poulet** avec 1 **blanc d'œuf**. Recommence l'opération avec les 3 autres escalopes et les 3 autres blancs d'œufs. Mets ce **hachis** dans un saladier.

2. Ajoute du **sel** et du **poivre**.

3. Verse la **chapelure** dans une assiette.

4. À l'aide d'une cuillère à soupe, forme des petites boulettes avec le **hachis**.

5. Roule les **boulettes** dans la **chapelure** afin de les recouvrir entièrement.

6. Dans une poêle, fais chauffer l'**huile** et fais-y cuire les **nuggets** : retourne-les au bout de 4 à 5 min, ils doivent être bien dorés.

## SUPER MARMITRUC
*de Léon, 11 ans*

**Tu peux aussi les cuire au four** sur une plaque recouverte de papier sulfurisé, **20 min à 180 °C (th. 6).**

## VARIANTE GOURMANDE
*de Kaoutar, 10 ans*

**J'ai ajouté un peu de mélange 5 épices dans le hachis**, ça a donné beaucoup de goût.

★★☆

# hamburGeRs maison

## SUPER maRmiTRUc

*de Lola, 12 ans*

**Passe les pains coupés en deux quelques minutes sous le gril du four** pour les rendre croustillants.

Énorme !

*Recette préférée d'Amédéo, 10 ans*

"

## VaRiaNte GourMande

*de Soizic, 10 ans*

Moi, **je n'aime pas le fromage fondu, alors je le remplace par 1 tranche de bacon,** j'adore !

"

1. Épluche et coupe les **oignons** en fines lamelles.

2. Lave 4 petites feuilles de **salade** et essuie-les.

3. Lave et sèche la **tomate** puis coupe-la en fines rondelles sur la planche à découper.

4. Dans une poêle à feu vif, fais chauffer un peu d'**huile d'olive**. Ajoute les **steaks** et fais-les cuire 2 à 4 min de chaque côté (selon la cuisson désirée), retourne-les avec une spatule.

5. Une fois les **steaks** saisis, coupe le feu, pose 1 tranche de **cheddar** sur chacun et laisse-la fondre.

6. Dans un bol, mélange la **moutarde** et le **ketchup**.

7. Coupe les **pains** en deux dans l'épaisseur.

8. Tartine-les du mélange **moutarde-ketchup**.

9. Dépose les **steaks** avec le **fromage** sur une moitié de chaque **pain**.

10. Ajoute 1 petite feuille de **salade**, 1 ou 2 rondelles de **tomate** et 1 rondelle d'**oignon** (si tu aimes).

11. Referme les **hamburgers** avec les moitiés de **pain** restantes.

*Tu trouveras les recettes de la mayonnaise et du ketchup maison pages 138 et 139.*

MATÉRIEL NÉCESSAIRE
- 1 couteau
- 1 planche à découper
- 1 poêle • 1 bol
- 1 cuillère
- 1 spatule

INGRÉDIENTS POUR 4 PERSONNES

# Pains à hamburger (4)
# Steaks hachés (4)
# Fromage type cheddar (4 tranches)
# Oignons rouges (4)

- Tomate (1) • Salade (1)
- Moutarde (2 c. à soupe)
- Ketchup (2 c. à soupe)
- Huile d'olive

ingrédients pour 4 personnes

## Colin
(4 tranches)

## Court-bouillon
## au citron (1 cube)

- Ail en poudre
- Oignon en poudre
- Persil (½ bouquet)
- Huile d'olive
  (1 c. à café)

matériel nécessaire
- 1 plat
allant au four
- papier sulfurisé
- 1 couteau
- 1 planche
à découper

# Filets de colin en papillote

5 min de préparation
25 min de cuisson

★ ☆ ☆

1. Préchauffe le four à 210 °C (th. 7).

2. Lave et essuie le persil. Hache-le avec un couteau.

3. Découpe 4 morceaux de papier sulfurisé.

4. Sur chaque feuille, dépose 1 tranche de **colin**, ajoute 1 c. à café d'**huile d'olive**, 1 c. à café d'**oignon** et une pincée d'**ail**.

5. Émiette le quart d'un cube de **court-bouillon** sur chaque tranche de poisson, verse un peu d'**eau** (le fond d'un verre) et parsème de **persil** haché.

6. Ferme les **papillotes** hermétiquement. Dépose-les dans un plat allant au four.

7. Enfourne les **papillotes** et laisse cuire 20 à 25 min.

## Super marmitruc
*de Colette, 8 ans*

**Pour bien fermer les papillotes, dépose la garniture au centre** du carré de papier sulfurisé puis **rabats deux côtés opposés l'un sur l'autre. Termine en ramenant les deux côtés restants sous la papillote.**

## Variante gourmande
*de Callista, 12 ans*

**J'ajoute une rondelle de tomate sur chaque tranche de poisson**, ça fait son petit effet !

## SUPER MARMITRUC

*de Romain, 8 ans*

**N'UTILISE PAS UN PLAT TROP GRAND**, afin de pouvoir faire des couches de légumes assez épaisses.

## VARIANTE GOURMANDE

*d'Anaïs, 11 ans*

**J'AI ACCOMPAGNÉ CE PLAT DE TAGLIATELLES FRAÎCHES**, c'était vraiment très bon.

# PAVÉS DE SAUMON AUX COURGETTES ET TOMATES

**1** Préchauffe le four à 170 °C (th. 5-6).

**2** Lave les **courgettes** et les **tomates cerises**. Coupe les **courgettes** en très fines lamelles et les **tomates cerises** en deux.

**3** Dans un plat à gratin, dispose 2 ou 3 couches de lamelles de **courgettes**. Dépose les pavés de **saumon** dessus. Répartis les **tomates cerises** et éventuellement les rondelles de **courgettes** restantes.

**4** Dans un bol, mélange la **crème liquide** avec du **sel** et du **poivre**. Verse ce mélange sur le **saumon** et les **légumes** : la sauce ne doit pas dépasser 3 cm de hauteur dans le plat.

**5** Enfourne et laisse cuire 30 min.

**6** À la sortie du four, ajoute quelques feuilles de **basilic** lavées et séchées puis sers.

MATÉRIEL NÉCESSAIRE
• 1 couteau
• 1 planche
  à découper
• 1 plat à gratin
• 1 bol
• 1 cuillère

INGRÉDIENTS POUR 2 PERSONNES

**Saumon**
(2 pavés sans la peau)
**Courgettes** (4 grosses)
**Tomates cerises**
(150 g)
**Basilic** (3 brins)
(quelques feuilles)
• Crème liquide (50 cl)
• Sel, poivre

**ingrédients pour 4 personnes**

# Épaule d'agneau
(400 g, coupée en morceaux)
## Poivron (1)
## Tomates (2)
## Concombre (1)
• Oignons (2) • Citron (1)
• Huile d'olive
• Sel, poivre

**matériel nécessaire**
• 1 couteau
• 1 planche à découper
• 1 presse-agrumes
• 1 saladier • 1 cuillère
• Piques en bois • 1 plaque
• 1 verre à moutarde
• 1 épluche-légumes

# brochettes d'agneau

40 min de préparation
30 min de cuisson
1 h de repos

 ★★☆

**1** Presse le **citron**.

**2** Lave le **poivron** et essuie-le. À l'aide d'un couteau, retire la queue puis coupe le poivron en deux dans le sens de la longueur. Retire les pépins et les peaux blanches. Coupe chaque **demi-poivron** en grosses lanières puis en gros dés.

**3** Épluche et coupe les **oignons** en gros dés.

**4** Dans un saladier, verse ½ verre d'**huile d'olive** et le jus du **citron**. **Sale** et **poivre**. Ajoute les dés de **poivron**, les **oignons** et les morceaux de **viande**. Mélange puis laisse reposer 1 h.

**5** Prends une pique à brochette. Piques-y, en alternance, des morceaux de **viande**, de **poivron** et d'**oignon** (compte 3 morceaux de viande par brochette). Réalise ainsi d'autres brochettes jusqu'à épuisement des ingrédients.

**6** Préchauffe le gril du four.

**7** **Huile** la plaque du four puis dépose les **brochettes** dessus. Enfourne et laisse cuire 20 à 30 min, en retournant les **brochettes** afin qu'elles soient dorées de tous les côtés.

**8** Pendant ce temps, lave les **tomates**. Épluche le **concombre**. Coupe les **tomates** et le **concombre** en rondelles.

**9** Sers les **brochettes** grillées avec les **crudités**, arrosées d'un filet d'**huile d'olive**.

## Super marmitruc
*de Lucas, 12 ans*

Plutôt que le gril du four, j'ai utilisé une poêle gril (une poêle en fonte avec des stries) sur feu vif pendant 10 minutes.

## Variante gourmande
*de Laura, 9 ans*

J'ai ajouté des herbes de Provence avec l'huile d'olive et le jus de citron, c'était très bon.

# Omelette Aux chips

5 min de préparation
5 min de cuisson ★★☆

### Super marmitruc

*de Luis, 9 ans*

**Cuis l'omelette au four dans un moule un peu haut**, 15 min à 180 °C (th. 6) : tu n'auras pas besoin de la retourner !

*délicieux !*

*Recette préférée de Céline, 9 ans*

### " Variante gourmande

*de Lena, 11 ans*

**J'ai remplacé les chips par des tortillas mexicaines et j'ai accompagné l'omelette de guacamole**, c'était top ! "

1. Ouvre le paquet de **chips** et écrase-les directement dans leur paquet.

2. Dans un bol, bats les **œufs** avec une fourchette.

3. Lave et coupe finement le **persil**. Ajoute-le aux **œufs** et mélange bien. Ajoute les miettes de **chips**.

4. Dans une petite poêle, fais chauffer 1 c. à soupe d'**huile d'olive**. Verse la préparation aux **œufs** dans la poêle et laisse l'**omelette** prendre sur feu moyen-vif pendant quelques minutes.

5. Quand le dessous est bien doré, pose une assiette sur la poêle puis retourne l'ensemble en prenant soin de ne pas te brûler (utilise des maniques). Remets ensuite l'**omelette** dans la poêle afin de cuire l'autre face.

6. Une fois l'autre face bien dorée, verse ton **omelette** dans une assiette et déguste-la.

MATÉRIEL NÉCESSAIRE
• 1 couteau
• 1 planche
à découper • 1 bol
• 1 fourchette
• 1 petite poêle
• 1 assiette
• 1 cuillère
à soupe

INGRÉDIENTS POUR 2 PERSONNES
**Chips**
(2 petits
paquets, 60 g)
**Persil plat**
(6 brins)
• Œufs (4) • Huile
d'olive

INGRÉDIENTS POUR 2 PERSONNES

## Crevettes roses décortiquées
(200 g)

## Petits pois surgelés
(150 g)

• Riz long grain (100 g) • Oignon (1)
• Ail (1 gousse)
• Curry (2 c. à café)
• Sauce soja • Poivre
• Huile d'olive

MATÉRIEL NÉCESSAIRE
• 2 casseroles
• 1 grande
poêle • 1 couteau
• 1 planche
à découper
• 1 cuillère en bois
• 1 passoire

# Riz sauté aux crevettes et aux petits pois

10 min de préparation
30 min de cuisson

1. Fais cuire le **riz** dans une casserole d'**eau** bouillante **salée** : compte 10 min de cuisson environ (ou suis les indications sur le paquet). Égoutte-le et passe-le sous l'eau froide.

2. Fais cuire les **petits pois** dans une casserole d'**eau** bouillante **salée** une dizaine de minutes : ils doivent rester croquants. Égoutte-les et passe-les sous l'eau froide.

3. Épluche et hache finement l'**ail** et l'**oignon**.

4. Fais chauffer 1 c. à soupe d'**huile d'olive** dans une grande poêle et fais-y dorer le mélange **ail-oignon**.

5. Ajoute les **crevettes** et fais-les dorer quelques instants sur feu vif.

6. **Poivre** et ajoute le **curry**. Remue vivement.

7. Ajoute la **sauce soja**, remue puis verse le **riz** et les **petits pois**. Laisse cuire sur feu doux en remuant régulièrement jusqu'à ce que l'ensemble soit bien chaud.

## Super marmitruc
*de Mickaëla, 12 ans*

Pour une recette express, **tu peux utiliser une petite boîte de petits pois.**

## Variante gourmande
*de Yannis, 11 ans*

**Cela marche aussi très bien avec des blancs de poulet** en plus ou en remplacement des crevettes.

25 min de préparation
30 min de cuisson

★★☆

## Super marmitruc

*de Maximilien, 12 ans*

**Pour éviter que le poulet ne sèche, cuis-le dans des papillotes de feuilles d'aluminium.** Puis fais dorer le fromage 5 min sous le gril avant de servir.

## Variante gourmande

*d'Oscar, 9 ans*

Je mets le fromage directement sur le poulet, **comme des tartines,** c'est trop bon !

# Poulet léger au fromage de chèvre

1. Préchauffe le four à 220 °C (th. 7-8).

2. Coupe les **4 blancs de poulet** en deux dans le sens de la longueur. Saupoudre-les de **cannelle**, de **cumin** et de **poivre**.

3. Recouvre la grille du four de papier d'aluminium et dispose les 4 morceaux de **poulet** dessus.

4. Coupe le **fromage de chèvre** en grosses tranches et dispose-les sur les morceaux de **poulet** pour les recouvrir.

5. Pose ensuite par-dessus les 4 moitiés de **poulet** restantes.

6. Arrose le **poulet** d'un filet d'**huile d'olive**. **Sale** et **poivre**.

7. Enfourne et laisse cuire 25 à 30 min.

ingrédients pour 4 personnes

**Blancs de poulet** (4)
**Crottins de Chavignol** (2)
• Cumin • Cannelle
• Huile d'olive
• Sel, poivre

matériel nécessaire
• 1 couteau
• 1 planche à découper
• 1 grille de four

ingrédients pour 3 personnes

**Spaghettis**
(250 g)

**Steaks hachés**
(3)

**Concentré
de tomates** (140 g)

• Échalotes (2)
• Beurre (50 g)
• Sel

matériel nécessaire
• 1 couteau
• 1 planche
à découper
• 1 casserole • 1 poêle
• 1 cuillère en bois
• 1 grand bol
• 1 petite cuillère
• 1 passoire

# Spaghettis à la bolognaise

1. Épluche et coupe les **échalotes** en fines lamelles.

2. Fais cuire les **spaghettis** dans une casserole d'**eau** bouillante **salée** le temps indiqué sur le paquet (compte environ 10 min).

3. Dans une poêle, fais fondre le **beurre** puis fais-y cuire les **échalotes** jusqu'à ce qu'elles soient bien colorées, cela peut prendre 2 à 3 min.

4. Pendant ce temps, coupe les **steaks** en petits morceaux.

5. Ajoute la **viande** aux **échalotes**, remue avec une cuillère en bois pendant 1 ou 2 min.

6. Verse le **concentré de tomates** dans un grand bol puis ajoute un peu d'**eau** pour le rendre plus « crémeux ». Ajoute-le à la **viande**. Mélange bien.

7. Égoutte les **pâtes** et mélange-les à la **sauce à la viande**, ou sers-les séparément.

## SUPER MARMITRUC
*de Suzanne, 9 ans*

**POUR AVOIR PLUS DE SAUCE** dans la bolognaise, **REMPLACE LE CONCENTRÉ PAR UN POT DE SAUCE TOMATE À LA PROVENÇALE.**

*tip top !*

*Recette préférée de Yves-Dorian, 10 ans*

## VARIANTE GOURMANDE
*de Charlotte, 12 ans*

**JE RAJOUTE DES LARDONS** que je fais dorer à la poêle.

## Super marmitruc

*de Naëlle, 9 ans*

Pour une recette plus rapide,
**utilise de la purée en flocons.**

## Variante gourmande

*de Sophie, 10 ans*

**J'ai remplacé les tomates par
un petit pot de sauce tomate.**
On s'est régalé.

# hachis parmentier

**1** Prépare la purée : épluche et lave les **pommes de terre** puis fais-les cuire dans une grande casserole d'**eau** bouillante **salée** pendant 30 min.

**2** Pendant ce temps, épluche et hache les **oignons** et les **gousses d'ail** (en enlevant le cœur au centre de chaque gousse d'ail).

**3** Lave les **tomates**, essuie-les et coupe-les en dés.

**4** Dans une cocotte, fais fondre une noix (environ 1 c. à café) de **beurre**. Ajoute les **oignons** et l'**ail** et laisse-les cuire en remuant souvent.

**5** Ajoute les **tomates**, la **viande hachée**, la **farine**, du **sel**, du **poivre** et des **herbes de Provence**. Laisse mijoter une dizaine de minutes.

**6** Quand tout est cuit, coupe le feu puis ajoute le **jaune d'œuf**. Mélange.

**7** Étale cette préparation au fond d'un plat à gratin.

**8** Préchauffe le gril du four.

**9** Égoutte les **pommes de terre** dans une passoire. Mets-les dans un saladier et écrase-les avec un presse-purée (utilise une fourchette si tu n'en as pas). Ajoute le **lait** et une noix de **beurre**. Mélange bien.

**10** Étale la **purée** sur la **viande**. Saupoudre de **fromage** râpé et fais gratiner au four pendant 10 minutes.

**Viande de bœuf hachée** (400 g)
**Tomates** (2)
**Pommes de terre** (1 kg)
• Oignons (2) • Ail (2 gousses)
• Jaune d'œuf (1) • Farine (1 c. à soupe)
• Herbes de Provence
• Lait (20 cl)
• Fromage râpé (50 g)
• Beurre
• Sel, poivre

matériel nécessaire
• 1 grande casserole
• 1 cocotte • 1 couteau
• 1 planche à découper
• 1 passoire
• 1 plat à gratin • 1 cuillère
en bois • 1 passoire
• 1 saladier
• 1 épluche-légumes
• 1 presse-purée

ingrédients pour 2 personnes

**Laurier**
(4 feuilles)
**Ciboulette**
(5 brins)
• Pommes de terre (4)
• Gruyère râpé
(50 g)

matériel nécessaire
• 1 couteau
• 1 plaque
• papier
aluminium

# pommes de terre au four

1. Préchauffe le four à 240 °C (th. 8).

2. Lave les **pommes de terre** et essuie-les. Lave et essuie le **laurier** et la **ciboulette**.

3. Fais une ouverture assez profonde sur le dessus de chaque **pomme de terre** de manière à pouvoir y glisser les feuilles de **laurier**.

4. Glisse 1 feuille de **laurier** dans chaque **pomme de terre**.

5. Emballe chacune dans une feuille de papier d'aluminium. Dispose-les sur une plaque et enfourne 40 min : vérifie la cuisson en plantant la lame d'un couteau au centre, elle doit s'y enfoncer facilement.

6. Enfile des maniques et retire l'aluminium autour des **pommes de terre**. Parsème chacune d'elles de **fromage râpé** et enfourne quelques instants afin que le fromage commence à fondre.

7. Coupe finement la **ciboulette** et ajoutes-en sur les **pommes de terre** avant de servir.

## Super marmitruc
*de Clémence, 12 ans*

Pour une cuisson express, emballe les pommes de terre dans du papier sulfurisé et fais-les cuire 7 min au micro-ondes.

## Variante gourmande
*de Maxime, 10 ans*

Avant de mettre la feuille de laurier, j'ajoute 1 c. à soupe de crème fraîche dans le creux de chaque pomme de terre pour ne pas qu'elle se dessèche.

15 min de préparation
25 min de cuisson

★ ☆ ☆

## Super marmitruc

*de Diane, 12 ans*

**Pour un gratin vraiment croustillant, mélange l'emmental avec 3 biscottes réduites en poudre** ou de la chapelure.

## Variante gourmande

*de Justine, 8 ans*

**J'ai ajouté des saucisses Knacki coupées en rondelles.**

# Gratin de macaronis au gruyère

**1** Préchauffe le four à 200 °C (th. 6-7).

**2** Remplis une casserole d'**eau** et fais-la chauffer jusqu'à ébullition.

**3** **Sale** l'eau et plonge les **macaronis** dedans : laisse-les cuire le temps indiqué sur le paquet de sorte qu'ils soient *al dente* (fermes) pendant 8 min.

**4** Pendant la cuisson des pâtes, fais fondre le **cube de bouillon** dans une petite casserole avec environ 25 cl d'**eau** bouillante.

**5** Ajoute la **crème fraîche** dans cette casserole, mélange et laisse refroidir hors du feu.

**6** Égoutte les **macaronis**.

**7** Verse-les dans un plat à gratin puis verse le bouillon crémeux : attention, le **bouillon** ne doit pas recouvrir les pâtes (laisse 1 cm de pâtes hors du liquide).

**8** Recouvre de **gruyère râpé** puis enfourne et laisse cuire 15 min environ.

# les desserts

MIAM, des desserts ! Rien que d'y penser, tu as déjà l'eau
à la bouche ? C'est normal au vu de tout ce qui t'attend.
La bonne nouvelle, c'est que tu vas pouvoir réaliser
toi-même tous tes desserts préférés. Du gâteau au chocolat
à la tarte aux pommes en passant par les cookies, le
riz au lait ou encore les crêpes, tu vas pouvoir régaler
tes parents, tes amis et bien plus encore. Car s'il y a bien
une chose qu'on aime lorsque l'on cuisine, c'est partager
ses bonnes recettes !

**INGRÉDIENTS POUR 4 PERSONNES**

## Chocolat noir
## pâtissier (100 g)
• Œufs (3) • Sucre (120 g)
• Beurre (90 g)
+ pour les ramequins)
• Farine (40 g)

**MATÉRIEL NÉCESSAIRE**
• 2 saladiers
• 1 casserole
• 1 cuillère en bois
• 1 fouet électrique
• 4 ramequins ou
moules en aluminium
• 1 plaque
• papier sulfurisé

# mi-cuits Au chocolat

10 min de préparation
25 min de cuisson

★★☆

1. Préchauffe le four à 200 °C (th. 6-7).

2. Casse le **chocolat** en morceaux et coupe le **beurre** en dés (garde un «dé» de beurre pour les ramequins). Mets ces deux ingrédients dans un saladier qui supporte la chaleur.

3. Remplis le fond d'une casserole d'eau et place le saladier dessus (il ne doit pas toucher l'eau mais juste les bords de la casserole).

4. Place la casserole sur feu moyen et laisse fondre le **beurre** et le **chocolat**. Remue avec une cuillère en bois.

5. Dans un autre saladier, bats les **œufs** et le **sucre** à l'aide d'un fouet électrique jusqu'à ce que le mélange blanchisse.

6. Verse le mélange **chocolat-beurre** dans le saladier avec les **œufs** et le **sucre**.

7. Ajoute la **farine** et mélange bien.

8. **Beurre** des ramequins ou des moules en aluminium jetables et verse la préparation dedans.

9. Dépose les ramequins sur une plaque et place celle-ci dans le four. Laisse cuire 15 min environ : le dessus de chaque mi-cuit doit former une croûte.

10. Sers les mi-cuits dès la sortie du four, démoulés ou non.

## Super marmitruc
### de Manuella, 9 ans

La pâte à mi-cuits se congèle très bien directement dans les ramequins. Quand tu veux les cuire, laisse-les juste 3 minutes de plus que le temps indiqué dans la recette.

## Variante gourmande
### de Matthieu, 12 ans

J'ajoute une petite cuillère de nutella au milieu de chaque gâteau avant de les enfourner, c'est trop bon !

# Clafoutis aux abricots

## Super marmitruc
*de Tom, 9 ans*

Pour une recette encore plus simple et rapide, **on peut utiliser des abricots au sirop.**

dé-li-cieux!

*Recette préférée de Christelle, 9 ans*

"

## Variante gourmande
*de Nadia*

**J'ai remplacé les abricots par des mirabelles** de mon jardin, c'était vraiment bon.

"

**1** Préchauffe le four à 180 °C (th. 6).

**2** Dans un saladier, mélange les **œufs**, le **sucre**, le **sucre vanillé**, le **sel** et la **farine** (ou la **Maïzena**).

**3** Fais bouillir le **lait** dans une casserole puis ajoute-le au mélange.

**4** Lave les **abricots** et essuie-les avec un torchon. Avec un petit couteau, coupe chaque **abricot** en deux et retire le noyau.

**5** **Beurre** (beaucoup!) un plat à gratin.

**6** Pose les **demi-abricots** dans le fond du plat, côté bombé sur le dessus.

**7** Verse le **mélange aux œufs** dessus.

**8** Place le plat dans le four et laisse cuire 35 min.

**9** Parsème le dessus du clafoutis d'**amandes effilées** puis laisse cuire encore 10 min dans le four.

**10** Sers ce clafoutis tiède ou froid.

MATÉRIEL NÉCESSAIRE

- 1 plat à gratin
- 1 saladier
- 1 fouet
- 1 couteau
- 1 casserole

INGRÉDIENTS POUR 6 PERSONNES

# Abricots frais
(500 g)
# Amandes effilées
(30 g)
- Sucre (60 g)
- Sucre vanillé (1 sachet)
- Farine ou Maïzena
(2 c. à soupe) • Lait (25 cl)
- Œufs (3) • Beurre
- Sel (1 pincée)

**INGRÉDIENTS POUR 6 PERSONNES**

## Pâte feuilletée
(1 rouleau)
## Pommes
(5 grosses)
• Sucre (90 g) • Œufs (2)
• Beurre (60 g)

**MATÉRIEL NÉCESSAIRE**
• 1 moule à tarte
• 1 fourchette
• 1 épluche-légumes
• 1 planche à découper
• 1 couteau
• 1 petit bol
• 1 grand bol

# Tarte aux pommes

30 min de préparation
35 min de cuisson

1. Préchauffe le four à 200 °C (th. 6-7).

2. Déroule la **pâte feuilletée** et place-la avec son papier sulfurisé dans un moule à tarte.

3. Pique le fond avec une fourchette.

4. Épluche les **pommes**. Coupe-les en deux avec un petit couteau puis retire le cœur et les pépins.

5. Coupe chaque **demi-pomme** en fines lamelles.

6. Pose les **lamelles de pommes** sur le fond de tarte en les faisant se chevaucher un peu.

7. Dans un petit bol, fais fondre le **beurre** au micro-ondes (ou dans une petite casserole sur feu doux).

8. Dans un grand bol, mélange le **sucre**, les **œufs** et le **beurre fondu**.

9. Verse le **mélange** précédent sur les **pommes**.

10. Place le moule dans le four et laisse cuire 35 min environ.

## Super marmitruc
*de Vincent, 11 ans*

Pour ne pas que tes pommes noircissent pendant que tu les coupes, **ARROSE-LES D'UN PEU DE JUS DE CITRON.**

## Variante gourmande
*de Mélissa, 8 ans*

**J'AI FAIT UNE TARTE FINE AUX POMMES, SANS UTILISER DE MOULE,** j'ai juste mis 3 pommes, moins de sucre (50 g) et 1 seul œuf.

15 min de préparation
45 min de cuisson

★ ★ ☆

# CAKE AU MIEL

## SUPER MARMITRUC

*de Camille, 12 ans*

J'AI UTILISÉ DES MOULES À MUFFIN pour faire des petits cakes individuels. JE LES AI CUITS **15-20 min À 180 °C (th. 6).**

## VARIANTE GOURMANDE

*de Laura, 10 ans*

J'AI AJOUTÉ ½ C. À CAFÉ DE CANNELLE EN POUDRE, toute ma famille a aimé.

**1** Sors 150 g de **beurre** du réfrigérateur 2 h avant de commencer afin qu'il soit bien mou.

**2** Préchauffe le four à 160 °C (th. 5-6).

**3** Dans un saladier, bats le **beurre** à l'aide d'un fouet électrique. Le **beurre** doit devenir crémeux.

**4** Ajoute le **sucre** et continue de fouetter jusqu'à ce que le mélange soit bien lisse.

**5** Ajoute le **miel**, les **œufs**, le **sel**, la **levure** puis la **farine**. Mélange à l'aide d'un fouet manuel ou d'une cuillère en bois.

**6** **Beurre** un moule à cake, saupoudre un peu de **farine** à l'intérieur et agite le moule pour qu'il soit entièrement recouvert de farine. Retourne-le au-dessus de l'évier et tapote pour retirer l'excédent de farine.

**7** Verse la **pâte à gâteau** dans le moule puis place-le au four. Laisse cuire pendant 45 min.

MATÉRIEL NÉCESSAIRE
• 1 moule à cake
• 1 fouet électrique
• 1 fouet (ou 1 cuillère en bois)
• 1 saladier

INGRÉDIENTS POUR 6 PERSONNES

# Miel liquide
(100 g)

• Farine (250 g)
• Beurre (150 g + un peu pour le moule)
• Sucre (150 g) • Œufs (4)
• Levure chimique
(½ sachet)
• Sel (1 pincée)

ingrédients pour 8 personnes

## Pâte brisée
(1 rouleau)

## Chocolat noir
pâtissier (150 g)
• Sucre (100 g) • Beurre (100 g)
• Farine (50 g) • Œufs (3)
• Sucre vanillé
(1 sachet)

matériel nécessaire
• 1 moule à tarte
• 2 petites casseroles
• 1 cuillère à soupe
• 2 bols • 1 saladier
• 1 fouet • 1 batteur
électrique • 1 cuillère
en bois
• 1 fourchette
• papier sulfurisé

# TARTE AU Chocolat

20 min de préparation
25 min de cuisson

**1** Préchauffe le four à 150 °C (th. 5).

**2** Casse le **chocolat** en morceaux dans une petite casserole. Ajoute 1 c. à soupe d'**eau** et fais-le fondre sur feu doux en remuant de temps en temps avec une cuillère en bois.

**3** Fais fondre le **beurre** dans une petite casserole sur feu doux.

**4** Sépare les **blancs** des **jaunes d'œufs**. Mets les **jaunes d'œufs** dans un bol et les **blancs** dans un saladier.

**5** Quand le **chocolat** est fondu, ajoute le **beurre** fondu, 75 g de **sucre** et les **jaunes d'œufs**. Mélange bien avec un fouet.

**6** À l'aide d'un batteur électrique, bats les **blancs d'œufs** en neige : quand le mélange commence à mousser, ajoute le **sucre vanillé** et les 25 g de **sucre** restants. Continue de battre jusqu'à ce que la mousse soit bien compacte.

**7** Ajoute les **blancs en neige** au **mélange au chocolat** et mélange avec une cuillère en bois.

**8** Ajoute la **farine** en mélangeant délicatement.

**9** Étale la **pâte brisée** dans un moule à tarte en conservant le papier sulfurisé en dessous. Pique le fond avec une fourchette.

**10** Verse la **crème au chocolat** sur le fond de tarte. Place le plat dans le four et laisse cuire pendant 15 à 20 min.

## SUPER MARMITRUC

*de Tiana, 12 ans*

**Si tu utilises une pâte sablée** plutôt que brisée, **fais-la précuire avant de la garnir** : recouvre-la de papier sulfurisé puis de haricots secs et fais-la cuire au four 15 min à 160 °C (th. 5-6).

## VARIANTE GOURMANDE

*d'Adam, 11 ans*

**J'ai fait la crème sans la farine ni les œufs.** Une très bonne tarte !

*Tu trouveras la recette de la pâte brisée maison p. 138.*

# Mousse au chocolat

10 min de préparation
1 min 30 de cuisson
2 h de repos

★★☆

## Super marmitruc

*de Zéphyr, 10 ans*

**Pour savoir si les blancs en neige sont assez fermes**, retourne le saladier : **La mousse ne doit pas bouger.**

*trop facile !*

*Recette préférée de Chloé, 8 ans*

## Variante gourmande

*de Géraldine, 8 ans*

**J'ai ajouté des grosses pépites de chocolat** dans la préparation. Ça apporte du croquant.

1 Casse le **chocolat** en morceaux puis mets-les dans un saladier.

2 Fais fondre le **chocolat** dans une petite casserole sur feu doux avec 1 c. à soupe d'eau.

3 Sépare les **blancs** des **jaunes d'œufs**. Mets-les dans 2 saladiers différents.

4 À l'aide d'un fouet électrique, fouette les **jaunes d'œufs** avec le **sucre vanillé** jusqu'à ce que le mélange blanchisse. Ajoute le **chocolat fondu** et mélange bien.

5 Dans l'autre saladier, bats les **blancs d'œufs** en neige ferme avec un fouet électrique jusqu'à ce que la mousse soit bien compacte.

6 Ajoute les **blancs en neige** au **mélange jaunes-sucre-chocolat** et remue délicatement avec une spatule en plastique (tu dois « soulever » la mousse pour la mélanger).

7 Verse la préparation dans un joli saladier et laisse la **mousse** prendre au moins 2 h au réfrigérateur.

INGRÉDIENTS POUR 4 PERSONNES

# Chocolat pâtissier noir ou au lait (100 g)

- Œufs (3)
- Sucre vanillé (1 sachet)

MATÉRIEL NÉCESSAIRE
- 3 saladiers
- 1 petite casserole
- 1 cuillère à soupe
- 1 fouet électrique
- 1 spatule en plastique
- 1 saladier pour le service

**ingrédients pour 6 personnes**

# Fromage blanc battu
(500 g)

## Sucre roux (100 g)
## Noix de coco râpée
(25 g)

• Œufs (4) • Farine (80 g)
• Levure chimique
(1 sachet) • Beurre
(pour le moule)

**matériel nécessaire**
• 1 moule rond
• 1 batteur électrique
• 1 fouet • 3 saladiers
• 1 couteau
• 1 tamis
(ou passoire
à mailles fines)

# Gâteau au fromage blanc

**1** Préchauffe le four à 200 °C (th. 6-7).

**2** Sépare les **jaunes** des **blancs d'œufs**. Verse les jaunes et les blancs dans 2 saladiers différents.

**3** Ajoute le **sucre** dans le saladier contenant les **jaunes d'œufs** et mélange avec un batteur électrique : le mélange doit blanchir.

**4** Ajoute la **farine** tamisée (versée sur le mélange à travers un tamis ou une passoire à mailles fines) et la **levure**. Mélange bien.

**5** Ajoute ensuite le **fromage blanc**. Mélange encore.

**6** Avec un batteur électrique, bats les **blancs d'œufs** en neige très ferme puis ajoute-les délicatement au mélange (tu dois « soulever » les blancs pour les mélanger).

**7** Ajoute la **noix de coco**.

**8** **Beurre** un moule rond et verses-y la préparation.

**9** Place le moule au four et laisse cuire 25 min environ.

**10** Vérifie que le gâteau est cuit en plantant la pointe d'un couteau au centre : elle doit en ressortir sèche.

## Super marmitruc

*de Célia, 8 ans*

Pour un démoulage facile, **utilise un moule en silicone.** Le temps de cuisson est le même !

## Variante gourmande

*de Margaux, 11 ans*

**Pour une version au chocolat, ajoute 200 g de chocolat pâtissier fondu** en même temps que le sucre et n'utilise que 2 c. à soupe de fromage blanc.

# Pavlova

**20 min** de préparation
**1 h 15** de cuisson

★★★

## Super marmitruc

*de Clara, 12 ans*

Pour être sûr de démouler
la meringue facilement,
**étale-la sur une feuille de papier
sulfurisé.**

## Variante gourmande

*de Paul, 9 ans*

**J'ai ajouté un coulis de fruits
rouges sur la chantilly** et mis en
plus des fraises et des
framboises fraîches.

① Préchauffe le four à 130 °C (th. 4-5).

② Dans un saladier, fouette les **blancs d'œufs** à l'aide d'un batteur électrique.

③ Quand ils commencent à mousser, ajoute le **sucre** petit à petit, sans cesser de fouetter.

④ Ajoute enfin le **vinaigre** et la **Maïzena** et fouette encore quelques secondes. Le mélange doit être ferme et brillant.

⑤ Sur une plaque allant au four, verse un petit filet d'**huile** puis étale-la sur toute la plaque avec une feuille de papier essuie-tout.

⑥ À l'aide d'une cuillère ou d'une spatule en plastique, étale la **meringue** sur la plaque en formant un cercle d'environ 20 cm de diamètre et de 10 cm de haut.

⑦ Enfourne la plaque et laisse cuire 1 h 15.

⑧ Laisse refroidir la **meringue** puis place-la au réfrigérateur.

⑨ Lave et essuie les **groseilles**.

⑩ Juste avant de servir, recouvre la meringue de **chantilly** et répartis les **groseilles** par-dessus.

**INGRÉDIENTS POUR 6 PERSONNES**

# Crème chantilly
(1 bombe)
# Groseilles (100 g)
# Blancs d'œufs (6)
# Sucre (340 g)
# Vinaigre de malt
(1,5 c. à café)

- Maïzena (1,5 c. à soupe)
- Huile de tournesol
(pour la plaque)

ingrédients pour 30 cookies
# Pépites
# de chocolat
(300 g)
# Sucre roux (125 g)
• Beurre (250 g) • Œufs (2)
• Farine (350 g)
• Sucre semoule (125 g)
• Levure chimique
(1 c. à café) • Sel

matériel nécessaire
• 1 saladier
• 1 batteur électrique
• 1 fouet • 1 spatule
• 2 cuillères à café
• 1 passoire
• 1 plaque de four
• 1 grille
papier sulfurisé

# Cookies aux pépites de chocolat

20 min de préparation
10 min de cuisson

 ★★☆

1. Sors le **beurre** du réfrigérateur 2 h avant de commencer afin qu'il soit bien mou.

2. Préchauffe le four à 180 °C (th. 6).

3. Dans un saladier, mets le **beurre** mou, le **sucre roux** et le **sucre semoule**. Mélange le tout à l'aide d'un batteur électrique jusqu'à ce que l'ensemble soit crémeux.

4. Ajoute les **œufs** et mélange bien avec un fouet.

5. Ajoute la **farine** tamisée (versée sur le mélange à travers une passoire à mailles fines), une pincée de **sel** et la **levure**. Mélange vivement.

6. Ajoute les **pépites de chocolat**.

7. Recouvre la plaque du four d'une feuille de papier sulfurisé.

8. À l'aide de 2 cuillères à café, déposes-y des petits tas de **pâte** de la taille d'une noix. Veille à bien les espacer car la pâte s'étale à la cuisson.

9. Place la plaque dans le four et laisse cuire pendant 10 minutes.

10. Sors la plaque du four et décolle les **cookies** de la feuille avec une spatule. Laisse-les refroidir sur une grille.

## Super marmitruc
*de Mathias, 12 ans*

Pour que les cookies ne s'étalent pas trop à la cuisson, **place la pâte au moins 30 min au réfrigérateur** avant de la déposer sur la plaque.

## Variante gourmande
*de Sacha, 8 ans*

**J'ai mélangé des pépites de chocolat noir et de chocolat blanc.** Miam !

# Riz au Lait

10 min de préparation
50 min de cuisson

★★☆

Encore !

*Recette préférée d'Antoine, 8 ans*

1. Enlève le zeste du **citron** : à l'aide d'un épluche-légumes, fais un ruban avec la peau du **citron** (tu pourras le retirer facilement à la fin de la cuisson). Gardes-en un morceau pour décorer.

2. Dans une casserole, fais bouillir le **lait** avec le **sucre**, le **sucre vanillé** et le **zeste**.

3. Lorsque le **lait** bout, retire le **zeste** puis verse le **riz** en pluie et baisse le feu : le **riz** doit cuire très lentement (compte 40 à 50 min de cuisson).

4. Lorsque le **riz** et le **lait** sont au même niveau, coupe le feu et laisse refroidir : le **riz** va finir de s'imbiber de **lait** en refroidissant.

5. Sers ce dessert tiède ou froid dans des ramequins avec un **zeste de citron** pour décorer.

**matériel nécessaire**
- 1 casserole
- 1 cuillère en bois
- 4 ramequins
- 1 épluche-légumes

**ingrédients pour 4 personnes**
# Riz blanc rond (100 g)
## Citron, orange ou clémentine non traité (1)
- Lait (1 l)
- Sucre (4 c. à soupe)
- Sucre vanillé (1 sachet)

ingrédients pour 15 crêpes

# Chocolat noir pâtissier (200 g)
## Bananes (5)
• Farine (300 g) • Œufs (3)
• Lait (75 cl)
• Huile (3 c. à soupe)

matériel nécessaire
• 1 saladier
• 1 fouet
• 1 poêle • 1 spatule
• 1 petite casserole
• 1 couteau • 1 assiette
• 1 planche
à découper
• 1 louche • papier
d'aluminium

# Crêpes choco-banane

5 min de préparation
20 min de cuisson

1. Verse la **farine** dans un saladier.

2. Ajoute les **œufs** et l'**huile**. Mélange avec un fouet.

3. Verse le **lait** sur le mélange petit à petit sans cesser de fouetter.

4. Frotte le fond d'une poêle avec un papier essuie-tout imbibé d'**huile**.

5. Fais chauffer la poêle sur feu assez vif. Verse une **louche de pâte** dans la poêle. Quand les bords de la **crêpe** commencent à dorer, retourne-la à l'aide d'une spatule et fais dorer l'autre côté.

6. Une fois la **crêpe** cuite, dépose-la dans une assiette, et recommence jusqu'à ce qu'il ne reste plus de pâte. Garde bien les **crêpes** au chaud en les recouvrant d'une feuille de papier d'aluminium.

7. Casse le **chocolat** en morceaux et fais-le fondre dans une petite casserole avec ½ verre à moutarde d'eau ou de lait.

8. Épluche les **bananes** et coupe-les en rondelles.

9. Sers les **crêpes** avec le **chocolat fondu** et quelques rondelles de **banane**.

## SUPER MARMITRUC
*de Jawed, 12 ans*

Si la pâte à crêpes est trop épaisse, **ajoute un peu de lait.**

## VARIANTE GOURMANDE
*de Lucie, 10 ans*

**J'aime bien ajouter un sachet de sucre vanillé** dans la pâte.

# Pommes au four

## Super marmitruc

*de Simon, 8 ans*

Pour une cuisson plus rapide, **fais cuire les pommes dans une assiette un peu creuse au micro-ondes**, 2 à 3 min puissance maximale.

## Variante gourmande

*de Faustine, 10 ans*

Avec un vide-pomme, **je creuse le centre des pommes et j'y verse 1 c. à café de caramel au beurre salé.** C'est très bon !

①	Préchauffe le four à 180 °C (th. 6).

②	Lave les **pommes** et essuie-les bien.

③	Place les **pommes** entières dans un plat allant au four puis pique-les avec une fourchette (3 ou 4 fois).

④	Saupoudre-les de **sucre**.

⑤	Remplis un verre à moutarde d'**eau** et verse-le au fond du plat.

⑥	Place le plat au four et laisse cuire pendant 25 min.

⑦	Ajoute les **amandes effilées** sur les **pommes** et laisse cuire encore 5 min.

⑧	Sers ces **pommes** bien chaudes.

MATÉRIEL NÉCESSAIRE
• 1 plat allant au four
• 1 verre à moutarde
• 1 fourchette

INGRÉDIENTS POUR 4 PERSONNES
**Pommes** (4 grosses type reinette)
**Amandes effilées** (50 g)
• Sucre (50 g)

ingrédients pour 10 personnes
**Ananas
au sirop** (1 boîte)
**Bananes** (3)
**Mangues** (3)
**Noix de coco râpée**
(200 g)
**Citrons verts** (2)
**Cassonade**
(100 g)

matériel nécessaire
• 1 couteau
• 1 planche
à découper
• 1 passoire • 1 saladier
• 1 assiette • 1 cuillère
• 1 presse-agrumes • 1 bol
• 20 piques en bois
• 1 plat de service
• film alimentaire

# brochettes de fruits exotiques

1. Épluche les **bananes**.

2. Coupe les **mangues** en deux le long du noyau puis retire la peau.

3. Égoutte les rondelles d'**ananas**.

4. Coupe les **mangues** et l'**ananas** en gros cubes (environ 3 cm de côté), et les **bananes** en rondelles épaisses.

5. Mets les **mangues**, l'**ananas** et les **bananes** dans un saladier.

6. Coupe les **citrons** en deux et presse-les. Verse le jus obtenu sur les fruits coupés.

7. Verse la **cassonade** sur les **fruits** et mélange bien avec une cuillère (sans écraser les fruits).

8. Couvre le saladier d'un film alimentaire et laisse macérer pendant au moins 1 h au réfrigérateur.

9. Prends 1 petite pique en bois et piques-y 1 ou 2 **morceaux de chaque fruit** en les alternant.

10. Réalise ainsi 19 autres brochettes.

11. Verse la **noix de coco** dans une assiette. Roule chaque brochette dedans puis dispose-les sur un plat. Place le tout au frais 1 h avant de servir.

## SUPER MARMITRUC

*de Lucile, 11 ans*

j'ai fait fondre 100 g de chocolat dans une petite casserole avec 5 cl de crème liquide, je l'ai versé dans un bol pour qu'on puisse tremper les brochettes dedans. On s'est régalé !

## VARIANTE GOURMANDE

*de Théo, 9 ans*

j'ai ajouté quelques bonbons entre les fruits : fraises Tagada et mini bananes. Les copains ont adoré !

15 min de préparation
15 min de cuisson
★★☆

## SUPER MARMITRUC

*d'Héloïse, 10 ans*

**Si tu utilises des moules à muffin en fer, mets des caissettes en papier à l'intérieur** de chaque moule.

Un RÉGAL !

*Recette préférée d'Agathe, 9 ans*

"

## VARIANTE GOURMANDE

*de Geoffrey, 11 ans*

**J'ai mis 2 c. à soupe de noix de coco RÂPÉE** dans les muffins nature.

"

# muffins vanille et muffins chocolat

**1** Préchauffe le four à 180 °C (th. 6).

**2** Fais fondre le **beurre** dans une petite casserole sur feu doux.

**3** Dans un premier saladier, mélange la **farine**, le **sucre**, le **sel**, le **sucre vanillé** et la **levure**. Divise ce mélange de poudres en deux. Mets la seconde moitié dans un grand saladier.

**4** Dans un troisième saladier, mélange le **lait**, le **beurre** fondu et les **œufs**.

**5** Divise ce mélange en deux. Mets une moitié dans un saladier et ajoutes-y le **cacao en poudre** en fouettant bien.

**6** Verse, dans le premier saladier de poudres, le mélange sans chocolat. Remue vivement, mais en conservant quelques grumeaux.

**7** Verse le mélange au chocolat dans le saladier avec le mélange de poudres restant et remue vivement, toujours en conservant quelques grumeaux.

**8** Dépose 12 moules à muffin en silicone sur une plaque de cuisson puis remplis-en (aux trois quarts) 6 de pâte **vanillée** et 6 de pâte au **chocolat**.

**9** Place-les dans le four, laisse cuire 15 min environ.

## Ingrédients pour 12 cupcakes

### Pour la pâte :

**Fraises** (100 g)
**Vanille liquide** (4 cl)
• Sucre (125 g) • Farine (125 g)
• Beurre (100 g) • Œufs (2)
• Levure chimique (1 c. à café) • Lait (1 c. à soupe)

### Pour le glaçage :

**Mascarpone** (150 g)
**Vanille liquide** (2 cl)
• Crème fraîche liquide (15 cl)
• Sucre glace (40 g)

### Pour la déco :

• Perles multicolores

### Matériel nécessaire

• 1 planche
à découper
• 1 couteau
• 2 saladiers • 1 fouet
• 1 bol • 12 moules
à cupcake
• 1 poche à douille
• 1 douille cannelée
• 1 casserole

# Cupcakes à la fraise

45 min de préparation
20 min de cuisson
2 h de repos

 ★★★

**1** Préchauffe le four à 180 °C (th. 6).

**2** Lave et essuie les **fraises**. Avec un couteau, retire la queue, puis coupe-les en petits dés.

**3** Prépare la pâte : fais fondre le **beurre** dans une casserole sur feu doux.

**4** Dans un saladier, bats avec un fouet les **œufs** et le **sucre** jusqu'à ce que le mélange devienne mousseux. Ajoute le **lait**, la **vanille liquide** puis le **beurre fondu**. Fouette bien.

**5** Sans cesser de remuer, ajoute la **farine** et la **levure chimique** en 4 fois afin d'obtenir un mélange sans grumeaux. Délicatement, ajoute les **fraises** à la préparation.

**6** Répartis la **pâte** dans des moules à cupcake.

**7** Place les moules dans le four et laisse cuire 20 min. Le dessus doit être doré mais pas craquelé. Laisse refroidir complètement.

**8** Prépare le glaçage : dans un saladier, fouette le **mascarpone**, le **sucre glace** et la **vanille liquide**. Ajoute la **crème fraîche** et fouette jusqu'à ce que le mélange devienne facile à travailler.

**9** Remplis une poche à douille munie d'une douille cannelée avec cette préparation puis décore les cupcakes. Saupoudre de **perles multicolores**.

**10** Place les **cupcakes** au réfrigérateur 1 à 2 h.

## Super marmitruc
*de Clémentine, 12 ans*

**Si tu n'as pas de poche à douille, utilise une cuillère.**

*J'en reveux !*

*Recette préférée de Zoé, 7 ans*

## Variante gourmande
*de Matthias, 9 ans*

**J'ai gardé des fraises** que j'ai coupées en petits morceaux **pour décorer mes cupcakes**, c'est très joli et très bon !

,,

# Truffes au chocolat noir

10 min de préparation
2 h 30 de repos

★★☆

## Super marmitruc

*de Maelys, 10 ans*

**Conserve les truffes dans une boîte en plastique hermétique** (avec un couvercle) au réfrigérateur pendant une dizaine de jours.

## Variante gourmande

*de Noah, 9 ans*

**Avec du chocolat au lait,** c'est aussi très bon !

1. Dans un saladier, casse le **chocolat** en petits morceaux ou, mieux, râpe-le.

2. Ajoute 2 c. à soupe de **cacao en poudre**.

3. Dans une casserole, fais bouillir la **crème fraîche**.

4. Verse-la sur le **chocolat** et remue bien avec une spatule jusqu'à ce que le chocolat soit entièrement fondu.

5. Laisse reposer 2 h 30 au réfrigérateur (ou 1 h au congélateur).

6. Sors le mélange au **chocolat** : il doit être bien dur (sinon, remets-le à reposer). Prends une cuillérée de mélange et roule-la entre tes mains pour réaliser une **boulette**. Continue jusqu'à ce qu'il ne te reste plus de mélange.

7. Dans une petite boîte en plastique, verse un peu de **cacao en poudre**.

8. Dépose 5 boulettes dans la boîte, ferme-la puis secoue-la afin de bien enrober les truffes de **cacao**.

9. Renouvelle l'opération jusqu'à ce que toutes les **truffes** soient enrobées.

10. Déguste les **truffes** sans attendre.

**matériel nécessaire**
- 1 saladier
- 1 casserole
- 1 cuillère à café
- 1 spatule • 1 râpe
- 1 boîte
en plastique

**ingrédients pour 35 truffes**

# Chocolat noir pâtissier
(280 g)
- Crème fraîche liquide
(20 cl)
- Cacao en poudre
(3 c. à soupe)

ingrédients pour 16 muffins

## Pommes
(3 petites)

## Raisins secs (80 g)

- Œufs (2) • Farine (175 g)
- Sucre (100 g)
- Levure chimique (½ sachet)
- Sel (1 pincée)
- Beurre (50 g)
- Lait (10 cl)

### matériel nécessaire
- 1 couteau
- 1 planche à découper
- 1 fourchette • 1 saladier
- 1 bol • 1 cuillère à soupe
- Moules à muffin
- 1 épluche-légumes
- 1 plaque

# Muffins aux pommes et aux raisins

15 min de préparation
20 min de cuisson

1. Préchauffe le four à 180 °C (th. 6).

2. Dans un saladier, verse la **farine**, le **sucre**, la **levure** et le **sel**.

3. Coupe le **beurre** en petits morceaux, ajoute-le et pétris bien du bout des doigts pour obtenir comme des miettes.

4. Épluche 2 **pommes**, coupe-les en deux puis, à l'aide d'un petit couteau, retire le cœur et les pépins. Coupe les **pommes** en petits morceaux.

5. Dans un bol, bats les **œufs** et le lait avec une fourchette.

6. Verse cette préparation sur le **mélange de farine**. Ajoute les **dés de pommes** et les **raisins secs**. Mélange bien l'ensemble.

7. À l'aide d'une cuillère à soupe, remplis des moules à muffin de pâte. Dépose les moules sur une plaque allant au four.

8. Épluche la dernière **pomme**, coupe-la en deux et retire le cœur et les pépins à l'aide d'un petit couteau. Coupe ensuite chaque **demi-pomme** en fines lamelles.

9. Dépose 1 **lamelle de pomme** sur chaque **muffin**.

10. Place les moules au four et laisse cuire 15 à 20 min.

## Super marmitruc
*de Cassandra, 12 ans*

**Utilise** plutôt **des pommes Golden,** plus moelleuses à la cuisson.

À CROQUER !

*Recette préférée de Laurent, 10 ans*

## Variante gourmande
*de Samir, 8 ans*

**J'aime bien les faire avec des pépites de chocolat et des morceaux de noix** à la place des pommes et des raisins secs.

# CRÈMES À LA VANILLE

15 min de préparation
8 min de cuisson

## SUPER MARMITRUC

*de Léa, 8 ans*

**POUR CUIRE LES CRÈMES AU FOUR, PLACE-LES DANS UN PLAT À GRATIN REMPLI À MOITIÉ D'EAU** et fais-les cuire **50 min À 180 °C (th. 6).**

## VARIANTE GOURMANDE

*de Corentin, 9 ans*

Avant de verser la crème, **j'ai mis un peu de CARAMEL liquide** tout prêt **dans le fond DE CHAQUE POT.**

**1** Verse le **lait** dans une casserole.

**2** Sur une planche à découper et à l'aide d'un petit couteau, ouvre la **gousse de vanille** en deux dans le sens de la longueur. Avec le dos de la lame du couteau, racle les **graines** et ajoute-les au **lait**. Ajoute aussi la **gousse** fendue.

**3** Fais chauffer le **lait**.

**4** Dans un grand bol, bats les **œufs** et le **sucre** au batteur électrique.

**5** Dès que le **lait** commence à faire des petites bulles, verse-le sur le **mélange œufs-sucre** et remue vivement.

**6** Verse la **crème** dans des ramequins ou des petits pots.

**7** Dépose les pots dans un saladier ou une assiette creuse. Verse de l'**eau** dans le saladier jusqu'à la moitié de la hauteur des pots.

**8** Place le saladier dans le four à micro-ondes et laisse cuire 4 à 6 min à 800 W.

**9** Laisse refroidir avant de déguster.

# CRumble Aux pommes

20 min de préparation
40 min de cuisson

**1** Sors le **beurre** du réfrigérateur 1 h avant de commencer.

**2** Préchauffe le four à 200 °C (th. 6-7).

**3** Épluche les **pommes**. Coupe-les en deux puis retire le cœur à l'aide d'un petit couteau. Coupe chaque **demi-pomme** en deux puis chaque quartier en 2 ou 3 morceaux.

**4** Fais fondre 20 g de **beurre** dans une grande poêle. Ajoute les **pommes** puis laisse-les fondre 2 min sur feu vif. Remue bien puis baisse le feu et laisse cuire pendant 10 min : les morceaux doivent être tendres.

**5** Ajoute 50 g de **sucre** et ½ c. à café de **cannelle**.

**6** **Beurre** un plat à gratin puis verses-y le **mélange aux pommes**.

**7** Dans un saladier, remue énergiquement le **beurre mou** restant avec une spatule : il doit devenir crémeux.

**8** Ajoute le reste de **sucre** et de **cannelle**, ainsi que la **farine**. Mélange bien le tout pour obtenir comme un gros sable.

**9** Recouvre le **mélange aux pommes** de ce **gros sable**.

**10** Place le plat dans le four et laisse dorer pendant 25 min environ.

## SuPER mARmiTRuc

*de Callista, 12 ans*

**N'hésite pas à mélanger les ingrédients du crumble avec les mains.** C'est plus facile qu'avec une cuillère ou une fourchette !

## VARiAnTE GOuRmAnde

*de Thibo, 9 ans*

**J'Ai AjouTé quelques morceAux de chocolAt pâtissier AvAnT de REcouvRiR les pommes de pâTE.** C'était très bon !

## Super marmitruc
### de Samantha, 12 ans

Pour gagner du temps et utiliser moins d'ustensiles, **passe les tranches de pain d'épices au grille-pain** plutôt que de les rôtir à la poêle.

## Variante gourmande
### de Thimeo, 11 ans

**j'ai fait un mélange moitié fraises moitié framboises.** On s'est régalé.

# Gaspacho de fraises

**1** Presse le **citron**.

**2** Lave les **fruits** et essuie-les très délicatement.

**3** Dans un mixeur, mixe les **fraises** avec la moitié du **jus de citron** et le **sucre glace**.

**4** Passe le **liquide** obtenu dans une passoire afin de le filtrer (place un saladier sous la passoire pour récupérer le jus).

**5** Verse le **jus de fraises** dans des petits bols et place-les au frais.

**6** Coupe la **pêche** et la **poire** en petits dés et verse dessus le reste de **jus de citron** afin qu'elles ne noircissent pas.

**7** Coupe le **pain d'épices** en petits dés. Dans une poêle, fais fondre le **beurre** puis fais-y revenir les dés de **pain d'épices** quelques minutes.

**8** Décore chaque **gaspacho** avec quelques morceaux de **fruits** (pêche, poire et myrtille) et des **miettes de pain d'épices**.

Ingrédients pour 4 personnes

**Boudoirs** (20)
**Mascarpone** (250 g)
**Ananas au sirop**
(1 boîte)
**Vermicelles au chocolat**
• Œufs (2)
• Sucre (2 c. à soupe)

Matériel nécessaire
• 1 planche à découper
• 1 couteau
• 2 saladiers • 1 fouet
• 1 batteur électrique
• 1 spatule
• 4 verrines
• 1 cuillère

# Petits tiramisus à l'ananas

**1** Mets 1 ou 2 **biscuits** (coupés ou non) dans le fond de 4 verrines.

**2** Égoutte les **tranches d'ananas**. Coupe-les en petits morceaux.

**3** Dépose 1 c. à soupe de **morceaux d'ananas** dans chaque verrine.

**4** Sépare les **blancs** des **jaunes d'œufs**. Mets-les dans 2 saladiers différents.

**5** Dans le saladier avec les **jaunes d'œufs**, ajoute le **mascarpone** et le **sucre**. Mélange bien.

**6** Monte les **blancs d'œufs** en neige ferme à l'aide d'un batteur électrique.

**7** Ajoute délicatement les **blancs en neige** au mélange précédent avec une spatule : tu dois « soulever » les blancs pour les mélanger.

**8** Avec une cuillère, recouvre les **biscuits** et l'**ananas** avec la **crème au mascarpone**.

**9** Place les verrines au moins 2 h au réfrigérateur.

**10** Juste avant de servir, décore chaque verrine avec des **vermicelles au chocolat**.

## Super marmitruc
*de Jules, 10 ans*

**Pour un grand tiramisu, utilise un plat à gratin,** et fais 2 couches de biscuits, 2 couches d'ananas et 2 couches de crème au mascarpone.

## Variante gourmande
*de Loïc, 9 ans*

Je les ai **faits avec des framboises fraîches à la place de l'ananas,** c'est très bon aussi.

# les basiques

## pâte brisée

15 min de préparation

POUR 1 TARTE

1. Mélange la **farine** et le **sel** dans un saladier.

2. Coupe le **beurre** en dés et ajoute-le dans le saladier.

3. Mélange avec le bout des doigts : tu dois obtenir une sorte de semoule grossière.

4. Dans un bol, fais légèrement chauffer le **lait** ou l'**eau** au micro-ondes 5 secondes (ou dans une petite casserole sur feu doux).

5. Ajoute le **lait** ou l'**eau** dans le saladier.

6. Mélange et forme une boule.

7. Étale-la à l'aide d'un rouleau à pâtisserie puis mets-la dans le moule à tarte.

8. Pique la **pâte** avec une fourchette avant de la garnir.

> **Farine** (300 g) • **Beurre** (150 g)
> **Sel** (½ c. à café)
> **Eau ou lait** (8 cl)

## Ketchup

30 min de préparation
1 h 30 de cuisson

POUR 1 l

1. Lave et essuie les **tomates**. Coupe-les en six, place-les dans une cocotte avec les **oignons** et les gousses d'**ail** épluchés et coupés grossièrement.

2. Mets sur feu moyen et laisse cuire environ 30 min avec un couvercle.

3. Mixe le tout. Verse ce **coulis** dans une casserole, ajoute le **vinaigre** et les **épices** puis laisse cuire 45 min pour obtenir comme un « sirop » (tu en auras moitié moins que de coulis).

4. Ajoute les **clous de girofle** et le **sucre** et remets sur le feu pendant 15 min. Mélange régulièrement.

5. Laisse reposer 3 à 4 jours au réfrigérateur. Ce ketchup se conserve 2 mois au réfrigérateur.

> **Tomates** (2 kg)
> **Sucre** (100 g)
> **Oignons** (2) • **Ail** (2 gousses)
> **Vinaigre** (15 cl) • **Sel** (2 c. à café)
> **Poivre** (1 c. à café rase) • **Clous**
> **de girofle** (2) • **Piment** (½ c. à café)

# Mayonnaise

10 min de préparation     **Pour 4 pers.**
★ ★ ☆

**1** Sors tous les **ingrédients** 1 h avant de commencer.

**2** Dans un saladier, mélange le **jaune d'œuf**, un peu de **sel**, du **poivre**, la **moutarde** et le **vinaigre**.

**3** Fouette énergiquement en versant peu à peu l'**huile** : la mayonnaise doit épaissir.

**Astuce :** tu peux ajouter des herbes ou du citron pour parfumer la mayonnaise.

**Jaune d'œuf** (1)
**Moutarde forte** (1 c. à soupe)
**Vinaigre** (1 filet)
**Huile** (10 cl) • **Sel, poivre**

# Vinaigrette

2 min de préparation     **Pour 4 pers.**
★ ☆ ☆

**1** Dans un bol, verse l'**huile** et le **vinaigre**.

**2** Ajoute la **moutarde**, le **sel** et le **poivre**.

**3** Mélange tous les ingrédients avec une cuillère ou une fourchette.

**Astuce :** pour une vinaigrette au yaourt, remplace l'huile par un yaourt à 0 %.

**Huile** (5 c. à soupe)
**Vinaigre** (2 c. à soupe)
**Moutarde** (1 c. à café)
**Sel** (1 pincée) • **Poivre**

# Quelques équivalences

| | |
|---|---|
| 1 verre à moutarde | 1 L |
| = | = |
| 150 g de farine | 10 dl |
| 100 g de riz ou de pâtes | 100 cl |
| 50 g de sucre | 1000 ml |
| 25 cl de liquide | |

1 c. à café d'huile = 5 ml
1 c. à soupe d'huile = 15 ml
1 c. à café rase de sucre = 5 g
1 c. à café rase de farine = 3 g
1 c. à soupe rase de sucre = 15 g
1 c. à soupe rase de farine = 10 g

# Index alphabétique des recettes

# index des recettes par ingrédient